# LE JUIF

## SUR
## l'île du diable
## ou

### Critique de la raison impure

Par

Joe Maur

BERNE
STEIGER & Cie, Éditeurs
1898

I. ÉDITION

Zu beziehen durch jede Buchhandlung:

# Der Zionismus und die Judenfrage

von

Dr. jur. David Farbstein.

—※—

Preis —. 50.

—※—

Verlag von Steiger & Cie., Bern.

# Le Juif

sur

# L'ILE DU DIABLE

ou

Critique de la raison impure

*La raison pure n'a pas besoin d'être
critiquée. [Un humble penseur.]*

par

Joe Maur

Tous droits réservés à l'auteur.

**BERNE**
STEIGER & Cie., Éditeurs
1898

# Dédicaces.

## A Zola!

Grand Zola! seul Latin égaré dans les forêts de la Gaule, excuse si ces pages qui devraient te revenir, sont destinées d'abord à payer une dette contractée par moi chez un illustre prince lequel fait pour les frères de Dreyfus, — les Juifs — dans une certaine mesure, et cela depuis onze ans, ce que tu viens de faire avec tant d'éclat pour l'innocent condamné.

L'auteur.

### A Son Altesse Royale le Prince Ferdinand I de Bulgarie.

*Monseigneur,*

C'est une douce vanité, bien permise à un humble être comme moi, d'évoquer le souvenir — tout récent — d'une connaissance aussi auguste que la vôtre, celle d'un illustre descendant de Louis XIV; celle du plus brillant prince de tous les Balkans.

Quand, il y a plus de deux ans, je me suis permis, dans mes *premières* à vous, Monseigneur, de dévier de la règle générale en ne terminant mes missives à vous, contre l'usage, que par une simple formule d'admiration pour votre auguste personne; vous, Monseigneur, grâce à votre esprit pénétrant, vous ne vous en êtes point étonné: vous avez compris que c'était là, la plus large expression d'hommages, de loyauté et de respect qu'on pût sincèrement adresser à un régisseur des destinées d'un peuple: Les formules les plus rampantes peuvent être employées dans les missives et dans les discours à un prince.

Mais, l'Histoire est ferme, et son ciseau résolu: elle anéantit tout le bloc des mots, des discours et des louanges, s'il le faut, pour n'en retirer, pour n'en laisser subsister que la figure vraie, que l'image bien sculptée et qui ressemble —.

## IV

Il y a deux ans que ma mission d'un caractère plus ou moins historique et, la distance trop proche ... m'ont commandé d'être sobre et, j'ai dû omettre même jusqu'aux accents ... des mots, en m'adressant à vous.

Aujourd'hui, la situation a changé et, les parallèles qui nous séparent (car, qui sait si quelque ligne concourante me doit encore une fois ramener dans la belle Principauté) m'autorisent d'être plus explicite.

D'ailleurs, il est un temps où les louanges, loin d'être une vile flatterie, sont plutôt une juste récompense qu'il faut se hâter de décerner à ceux qui l'ont méritée, afin de châtier, par le même fait, ceux — combien nombreux hélas! — qui seraient déjà à l'abri de toute blâme, si l'on pouvait dire d'eux „Ils sont sans mérite"! . . . . .

Or, quoi de plus noble, quoi de plus encourageant, quoi de plus bienfaisant pour l'humanité des militants, que l'exemple d'un homme qui, grâce à sa fortune, grâce à son éducation et à son esprit, pouvait régner sans être prince *élu* et vassal et, qui s'est dit „Non! ... je vois là une brèche dont un vaillant soldat vient de tomber ... je veux combler la place — j'y monterai moi!" ... Et vous y êtes monté et vous y êtes resté sur cette brèche ... au milieu des assiégeants de toute part! ... et cela, voici XI, ans durant. Et vous continuerez d'y rester et de lutter! car, cette fois-ci Troie ne sera plus prise — malgré tout cheval qu'on y ait introduit nuitamment, pour faire ouvrir les portes de la citadelle que vous défendez si vaillamment.

Eh bien, non! Celui-là, Monseigneur, cet homme là, n'a plus besoin de se faire reconnaître prince, de se faire couronner roi ou nommer empereur! Celui-là n'est-pas seulement le souverain de sa Principauté, mais il règnera sur les esprits du monde comme l'un des rois de l'héroïsme contemporain.

Celui-là est plus que le Hector de Sliwnitza qui l'a précédé. A Sliwnitza le péril ne durait que quelques jours ... Mais ici, sur ce champ de bataille de la prudence, de la constance et de la patience, voici déjà onze ans d'incessants dangers auxquels vous avez fait face. Vous continuerez, Monseigneur, et vous vaincrez, car, c'est de la LIBERTÉ d'un PEUPLE qu'il s'agit! ...

Cependant, ce ne sont point là les seuls motifs pour lesquels la postérité reconnaissante vous remettra ses palmes : effectivement, vous n'êtes pas seulement le père protecteur de votre peuple naissant, mais vous vous êtes encore constitué l'égide de tous ceux qui souffrent et qui ont soif de la liberté; de tous les opressés, de tous les proscrits, de tous les poursuivis.

Hélas! tandis qu'on a pu voir récemment, une république emprisonner, puis chasser des malheureux fugitifs du Levant qui venaient en Europe chercher un asile contre la mort injuste, un seul prince s'est trouvé tout près, sur le seuil même de cette Europe continentale, pour toute l'Europe ..... à déclarer, à haute voix, que son pays était libre! et que les fugitifs trouveront même des ressources pour y entrer! pour s'y installer! ...

Hélas! tandis qu'au bord du Danube, un rois qui voulait singer certains royaumes et certaines républiques, assista tout naguère, froidement, du haut de son balcon aux scènes de barbarie, commises sur un peuple pauvre et inoffensif, sous prétexte que ce peuple voulait trop servir le pays — vous, Monseigneur, loin de violenter le traité de Berlin, vous vous êtes constamment empressé de veiller sur son exécution, à la lettre: Les Juifs sont libres chez vous! les Juifs sont protégés, encouragés par vous!

Ah! c'est que l'esprit distingué ne singe point, mais cherche et choisit et se fixe ..... Plus jaloux d'être imité que d'imiter les autres — ils vous laissent bien froids, bien indifférents tous ces pays, toutes ces républiques, ces royaumes, ces monarchies grandes ou petites, avec tous leurs systèmes et leurs façons d'agir et de penser.

N'est-ce pas vous, Monseigneur, qui avez dit, il y a deux ans, dans une grande circonstance: „Je me suis divorcé avec l'Occident pour embrasser le soleil de l'Orient!" ?..

Personnellement, vous savez, Monseigneur, que j'ai des motifs pour vous être reconnaissant: j'ai eu l'extrême honneur d'être à plusieurs reprises votre obligé et, il serait, peut-être, curieux de rappeler les circonstances assez comico-tragiques dans lesquelles notre première connaissance s'établit. En le faisant, ici, Monseigneur, je n'ai d'autre but en vue que celui de prouver à votre Altesse Royale que je me remémore des bienfaits dont j'étais l'objet de Sa part durant mon séjour au pays des Wittosches, et même depuis.

\* \* \*

Qu'avais-je donc ce jour-là? — je l'ignore. Une étourderie. L'esprit s'était absenté de chez moi, pendant quelques instants, ne laissant agir que la bête, comme l'a dit Xavier Demaistre. Hélas, qui de nous n'est pas obligé, de temps à autre, de se souvenir qu'en dépit du souffle divin qui est en nous, nous n'en sommes pas moins un grossier limon de cette terre! ... Heureux encore si le souffle divin est en nous présent les $^3/_4$ de la journée et que nous ne laissons à la bête que le reste! ...

Or, hélas! il m'arrive donc à moi aussi, comme à tout mortel, de m'abêtir quelquefois, bon gré, malgré. On dirait même que souvent l'esprit le commande et, on l'entend dire: „Abêtis-toi, un peu, où je te quitte pour toujours!"

Ainsi donc, je me suis abêti, un moment, à Philippopoli, sur le haut du *mont* Bounardjik dont je me suis permis d'insulter les très distingués députés du très respectable *Sobranie* — en laissant dire à ma bête qu'ils ne savaient ni lire ni écrire, comme si c'était là une condition nécessaire pour être honnête homme et excellent député!

Ah! combien je le regrette sincèrement aujourd'hui! — Dieu! pourquoi ai-je ignoré alors de combien, vos députés sont supérieurs à ceux que nous voyons siéger dans certains parléments européens, bourrus de la science du mal, grands experts dans l'art des chèques et fort au courant dans la lecture des projets scélérats!

Oui! encore une fois, Monseigneur, sincérement, je regrette mon étourderie d'alors, et je souhaiterais que le monde entier, la France y comprise, n'eût

VIII

d'autres députés que ceux qui se modeleraient sur les vôtres, et le monde serait sauvé! et beaucoup de scandales auraient été évités pour l'honneur de l'humanité tout entière.

Enfin, j'ai commis la bévue et je dus la payer... Un beau matin donc, quelques jours après la publication dudit propos, j'arrivai dans votre capitale pour affaire, quand on m'annonçait que j'étais recherché par cinq gendarmes, sous le commandement d'un sixième, un sergent; lequel sixième, le sergent, était porteur, sous le bras, d'un gros livre relié en noir... mon dossier. J'avais donc déjà tout un gros livre relié en noir pour dossier, depuis 5 heures, à peine que j'étais à Sophia et, pour un seul mot de lèse — Sobranié!... Cela me rendit gai, malheureusement pas trop longtemps.

Assis au *Café Makedonia* à discuter avec les fameux antisémites Mitakoff et Osman-Bey — sans le *sou* tous les trois... eux *anti* et moi *pro*, j'ai vu à diverses reprises les gendarmes de recherche... entrer, fureter, sortir, revenir, chercher encore et s'en aller de nouveau pour revenir encore...

Quelquefois même, ils me bousculèrent et s'en excusaient fort poliment. — „Mais qui cherchez-vous?" — C'est quelqu'un que vous ne devez pas connaitre, me répondirent les très polis gendarmes, quelqu'un de Philippopoli, un journaliste... — Ah! fit le gros Mitacoff en étouffant son franc rire de bonhomme rusé... Un tel, de Philippopoli, journaliste.... — mais il a pris le train de Belgrade! Et mes pauvres gendarmes consternés s'en furent en faire leur rapport au préfêt de police.

Mais, quel diable de stupide m'a donc poussé ce jour-là à me promener toute la journée par les charmantes rues de Sofia, comme si rien ne s'était passé, comme si je n'y étais pas, comme s'il n'y était pas de *Sobranié*, comme si le Sobranié n'était pas le siège des députés, comme si je n'avais pas eu l'audace d'insulter indignément ces députés; comme si je n'avais pas été dénoncé par quelque Comité-Sidi, comme si les gendarmes ne me recherchaient pas!

Ah! en effet, pour mon excuse, je croyais qu'ils me cherchaient à Belgrade...

Enfin, dénoncé, pour la seconde fois, par le même comité-traître, cette foi-ci, je fus bien arrêté, car les gendarmes m'ont été emmenés devant le nez, et j'entendis le bel acteur de ce rôle leur dire: „Le voici, c'est lui-même!"...

Ainsi appréhendé et emmené au commissariat, on me transféra aussitôt à la préfecture, où il n'y avait ni préfet, ni souspréfet, ni attaché à la préfecture, ni secrétaire de la préfecture, mais seulement... six à sept gaillards de gendarmes bien aguérris... et un commissaire de police, bien sombre. Je compris et je me mis en posture de défense. Suit la belle lutte engagée entre Archéloüs et Hercule, si bien décrite dans le livre IX des „Métamorphoses" d'Ovide. Hélas! je n'eus pas la gloire de succomber pour la belle Déjanire... Puis, ce n'était pas seulement à un Hercule que j'avais affaire moi, chétif pygmée, mais à 7—8! et, en fait de corne d'abondance... je n'eus que celle des coups de poings... Après avoir vainement cherché la fortune des armes dans toutes les salles de la préfecture et, jusque dans le cabinet particulier du préfet, je dus battre en retraite, dans un petit cabinet fort élégant et très bien meublé. C'était précisément ce que l'ennemi avait désiré. Ici, pris dans un défilé, dont je ne pouvais plus sortir — on ferma la porte à la clef — pas plus qu'Annibal engagé dans les Abruzzes, si je ne me trompe — on me glissa vite un nœud coulant autour du cou et on allait me faire bénéficier du baillon, selon l'usage feu-stambuloviste. —

Pauvre commissaire de police stambulovien! Votre Altesse l'a mis depuis à la retraite, mais ce n'était pas tout à fait de sa faute. J'ai poussé l'audace, en ce moment-là, jusqu'à l'invectiver, quand il se croyait en plein exercice de ses fonctions...

Tout à coup on frappe violemment à la porte, et un gendarme crie qu'on vient de monter l'escalier. Vite je fus jeté dans l'antichambre, sur un banc, entre deux gendarmes, toujours... avec ordre formel de me taire. Si j'obéissais!... Dans un instant le secrétaire de la Préfecture — car, c'était lui l'hôte inopportun qui arriva — fut mis au courant de l'affaire, il me conseilla de porter plainte au préfet et je compris qu'il y avait des juges à Sofia.

Heureusement, que ce brave secrétaire était arrivé à temps! Sans cela, Monseigneur, franchement, je serais mort avec une mauvaise opinion de vous et, je n'aurais plus jamais pu écrire ces lignes à Votre Altesse. En tout cas, l'attitude correcte de M. le secrétaire me fit comprendre que cet exploit dont j'allais être victime n'était que l'initiative privée du commissaire désireux de me donner un goût des temps heureux où régnait encore le régime de Stambuloff.

Je ne me contentai pas d'informer le préfet de ce qui venait de se passer. Mais, dix minutes après, j'avais déjà rejoint le café Makedonia où, sur le premier chiffon de papier trouvé, je griffonnais mon accusation contre mon farouche antagoniste; je courus au palais, rompis le cordon de la garde, pénétrai dans l'édifice et remis ma lettre pour Votre Altesse.

Dès le soir même, je sentis autour de moi une providence protectrice qui ne m'abandonnait plus et, quel ne fut mon sauvage plaisir, quand quelques jours après, à Philippopoli, votre lettre, Monseigneur, m'apprit que non seulement vous étiez prêt à me dédommager noblement de tout mal enduré, mais encore, que vous alliez châtier le coupable!

Ah! Monseigneur, c'est que j'avais perdu alors tout sang froid, que j'étais ivre de vengeance!... Et, cependant, quand je pense aujourd'hui que si la chose s'était passée ailleurs, à Paris par exemple et, si, au lieu de ce commissaire, j'eûs affaire à un autre, à M. du Paty de Clam, disons, mon sort aurait été tout autre! Un M. Paty de Clam n'aurait pas trouvé que la mort pût suffire pour me châtier: il y aurait ajouté la prison perpétuelle... la Chambre eût soin de me voter *l'Ile du Diable* comme bénéfice *extra*; ma plainte aurait été proclamée la plus cruelle façon de déshonorer la police, l'armée, la gendarmerie, la préfecture et les coups de poings administratifs!,....

Qu'à votre place, Monseigneur, M. Félix Faure eût encore l'idée de me dédommager!... Ah! mais, il y aurait eu guerre civile! on aurait mille fois conspué M. Faure!

Vive donc la Bulgarie, Monseigneur! Vive son Prince! et puisse son pays servir d'exemple à la France, c'est tout ce que les vrais amis de la République peuvent lui souhaiter sincérement. Or, moi, je ne puis pas dire que j'étais tout à fait innocent...

\* \* \*

Il y a deux ans de cela, Monseigneur. C'était juste dans la même saison hivernale où, fuyant le froid intense de la rue je me réfugiais dans un misérable cabaret, où le café ne se payait qu'un sou, au lieu qu'au café Makedonia chez Panakh ou à *l'Ecrérisse Rouge* c'était 15 centimes.

Je ne quittais donc plus le petit cabaret favori et commode, et je l'eus vite transformé en salle de rédaction. Là j'écrivais, là je pensais, recevais, propageais ...

Là se réunissaient de petits jeunes Bulgares manqués ... et, tandis que j'étais plongé dans mes rêves, mon oreille bien que distraite ne demeura pas indifférente à leurs débats. Ils discutaient naïvement sur les thèmes: l'Europe et les Balkans ... la *politique russe et les visées* autrichiennes; le socialisme et l'anarchie, enfin de tout et sur tout, innocemment, bien inoffensifs ces jeunes révolutionnaires!

C'est de ce cabaret que j'échangeais ma poétique correspondance avec vous, Monseigneur!

Que de romantisme touchant dans ces communications entre un bouge et un magnifique palais! Ah! Monseigneur, c'est que vous avez deviné en moi une âme qui souffre et que je devinais en vous un cœur magnanime! Aussi nos missives étaient-elles tout ce qu'il y a de musique dans l'âme et dans le cœur! Il y avait de la grandeur et il y avait de la poésie, mais surtout, il y avait de l'esprit.

Ah, cet esprit ... Oui, Monseigneur, je n'hésite pas de le dire, si tous les souverains l'avaient cet esprit, votre esprit, leur sort serait bien plus tolérable.

Aussi sais-je, Monseigneur, que si certain souverain a entrepris une réaction libérele, si légère fut-elle, dans le régime de son gouvernement, ce n'est que depuis votre visite chez lui, ce n'est qu'en imitant votre exemple. Voici pourquoi votre Altesse est encore une fois digne d'être admirée, car vous êtes un prince exemplaire, car, le précepteur des souverains ne peut être qu'un souverain, un Télémaque vivant.

De tout cela il n'y a que deux ans, un rien! Et pourtant, dans notre époque où tout se précipite, où l'on dirait que le temps lui-même a adopté l'électricité pour locomotive, en deux ans nous en vivons cinquante!

En effet, que de péripéties depuis! ... et pour moi et dans votre vie, Monseigneur.

Moi, j'ai souffert. Vous, étiez-vous heureux? étiez-vous plus heureux que moi? Aviez-vous, vous Monseigneur, une providence qui vous protégeât, comme vous le fîtes pour moi, excepté vous-même? Etrange âme humaine! Il y a des moments où ses souffrances passées deviennent pour elle un doux souvenir de bonheur.

Quoi qu'il en fut, dans cet hiver là ..... vous fûtes mon été et, je vous en rends grâce. Si nous vivions aux temps des anciens Grecs, j'aurais cru à l'existence d'une divinité, s'intéressant au sort des plus petits, à Sophia. Un incident tragique a donc à jamais lié, d'un lien d'amitié, deux existences aussi opposées comme les nôtres: le point le plus obscur d'en bas, dans le val, avec le point le plus saillant, le plus clair, d'en haut, au sommet. Voilà la poésie des choses la-bas, dans notre cher Orient! — car moi aussi, Monseigneur, j'ai embrassé ce soleil levant que mes Aïeux ont embrassés.

* * *

Avant que de quitter votre belle Principauté, avant que d'abandonner votre jolie capitale, je me rendis dans votre palais, afin de remercier votre Altesse de tant de bontés, de tant de noble intérêt et, pour prendre congé de vous.

Ah! Altesse, puis-je oublier ce jour là?! Surtout la fin de mon si cordial entretien avec le très distingué M. Fürth, votre si doué, si spirituel, si aimable secrétaire particulier! . . .

Non, je n'oublierai jamais ces mille bonnes paroles encourageantes pour moi, qu'il a bien voulu m'y ajouter de votre part! . . .

Cela m'a donné de la force dans mes luttes postérieures. Hélas! j'en avais et, des terribles, à soutenir depuis.

* * *

Enfin, tous les chemins mènent à Rome, et 19 mois après, nous-nous sommes rencontrés à Rome. Mon âme du peuple criait ce jour là: „Hurrah! hurrah! bravo le prince Ferdinand! Vive le prince Ferdinand!" Les Italiens me demandaient: „Qui est-ce?" — Je leur répondais: „E il buono principe Ferdinando di Bulgaria." Ils répliquèrent: „Evviva!"

Oui, à Rome, au Quirinal, 19 mois après mon départ de Sophia, nous-nous retrouvâmes — après un champ de bataille où vous, prince, vous luttiez avec succès contre des monarques, et moi, volontaire contre des soldats, sur un terrain plus restreint, mais tous deux nous avions le même mobile: la liberté d'un peuple pour la liberté des peuples.

\* \* \*

Donc au Quirinal où je fus reçu comme si j'étais un parent de votre Altesse. Mon article écrit d'une plume qui n'était pas libre me faisait des remords. Mais le Comte de Bourboulon riait de mes scrupules, m'affirmait tout au contraire, que votre Altesse en était fort contente. Le Comte me fit un gracieux accueil, s'empressa d'avertir S. E. le Ministre Stoïloff de ma présence. Entre temps, vous passiez en compagnie de quelques gens de la Cour, tout près de moi. En ce moment mon admiration s'accrut pour vous. Vous aviez de si importantes affaires à régler et vous étiez si calme! Moi qui n'ai d'habitude que de petits travaux à faire, la moindre besogne m'excite. Dans mon article de bienvenue je m'étais permis, Monseigneur, une légère critique. Mais vous saviez bien que ce n'étais pas *moi*, mais le journaliste dépendant d'une rédaction politique, comme j'eus l'honneur de le dire au cours de mon entretien à S. Excellence le Ministre Stoïloff.

# XVI

Ah! il est beau de s'en souvenir : S. E. vint vers moi souriante, la main tendue et me traita en ancien ami, m'invitant à passer, dans les appartements „de l'Empereur" où elle voulut bien, le même jour, m'accorder une entrevue d'une heure de temps, tandis que tant de notables journalistes romains s'étaient vus refuser cette faveur.

Combien j'ai trouvé le Ministre digne de vous, Monseigneur! quand assis à une petite table carrée, en tête à tête, S. E. avec des gestes vrais, la parole chaude, le ton sincère, me parlait paternellement, comme elle l'a dit elle-même, comme un professeur parle à son élève, de la politique bulgare, de ses idées propres, touchant les questions les plus importantes en Europe, des visées des puissances, des désirs de votre Altesse. Vous savez, Monseigneur, que de tout cela, ce qui devait, à mon sens, être reporté l'a été, bien que S. E. semblait ne pas désirer cette publication. Mais, j'étais chargé par mon directeur de tout recueillir pour instruire le public.

Mais, que c'était-il donc passé à la fin de la mémorable audience ? Ah! mon Dieu, encore la bête, ma bête qui m'assaillit, juste au moment où nous touchions à un sujet intéressant particulièrement Rome!

En effet, après avoir été si correct pendant tout l'entretien, voici tout à coup, que je perdis l'équilibre. La bête hélas! qui était sortie de sa patience en me voyant trop longtemps laisser agir l'esprit. Mais cette bête-là était d'une autre nature: celle de la fièvre malarique dont je fus blessé... durant ma campagne en

Grèce, et laquelle, plus tard, m'a obligé, sur le conseil des médecins, de quitter Rome où, sans cela, j'aurais été si bien !

Elle m'avait déjà accablé auparavant, mais cette fois-ci, on aurait dit que la maudite fièvre réservait toute sa rage pour le moment où S. Excellence me démandait mon opinion sur MM. de Rudini et Visconti-Venosta, comme si cette bête de *Malaria* eût voulu à tout prix m'empêcher de rien dire sur la politique du ministère romain. Je balbutiais donc, je bredouillais et me retirai fort mécontent de moi. Ah! ce jour-là j'étais capable, pour étouffer jusqu'aux germes cette chaleur mal-saine du mal paludéen, de me jeter au Tibre ou dans tout autre lieu plus ou moins calmant la rage, fut-ce un marais, une bourbe, un enfer même!

\* \* \*

M. le comte de Bourboulon et S. E. le Ministre m'avaient conseillé de solliciter une audience près de votre Altesse, m'assurant qu'elle était prête à me l'accorder.

Hélas! la fièvre m'avait retenu au lit toute la matinée du lendemain et, quand je pus sortir, il était déjà tard!

Ah! ce jour-là!... mais j'avais fait bouleverser, par les cochers de fiacre, tous les pavés de la Ville Eternelle!

Aucun carrosse n'allait pas assez vite pour moi, pour atteindre à temps, le Quirinal. J'avais pris chez mon directeur une liasse de billets de lires que je jetais à profusion aux malicieux cochers, lesquels semblaient diminuer exprès de vitesse, à fur et à mesure que je redoublais de billets de lires dans leurs mains. Impatient, je sautais d'un véhicule et bondis dans un autre qui passait d'une allure qui me semblait plus vite.

Enfin, j'arrive devant le Quirinal. On me dit: „S. A. R. vient de se rendre avec toute sa suite à la gare." Je fais rouler la voiture à la gare. Quand j'y arrive, la locomotive fait retentir son dernier sifflet; votre Altesse était partie! S. M. le roi Humbert avec toute sa magnifique escorte montait dans son landeau, et, à juger de l'air radieux, satisfait de S. M. je compris que votre Altesse a bien arrangé ses affaires et laissé la meilleure impression à Rome. Franchement, cela me rendis heureux, n'était-ce pas mon prince qui a bien arrangé ses affaires et qui a laissé la meilleure impression à Rome?! . . .

* * *

Enfin, j'ai aussitôt adressé une chaleureuse missive de félicitation à votre Altesse. Mais, Monseigneur me pardonnera si je le dis: j'ignorais son adresse . . . . . En effet, je savais qu'elle sera encore longtemps en voyage, qu'elle passera par Vienne, Budapest, Bucarest etc. M'étant brouillé, comme vous, Monseigneur, avec l'empire d'Habsbourg, je ne pouvais pas adresser ma lettre au *Burg* de S. M. François-Joseph; il ne me resta donc que le palais de S. M. le roi Carol de Roumanie. Malheureusement pour moi, il semble que S. M. ou sa Cour, avaient oublié de faire la commission, et je n'eus point de réponse! point d'accusation de réception. Il est vrai que c'était une missive en vers et ... en de mauvais vers, lesquels, si ma mémoire me sert bien, commençaient par ces mots :

„*Roi de la volonté, prince de la constance!*"

—————————————————

Or, les mauvais vers, pas plus que les sottes demandes, n'ont point de réponse.

C'est pourquoi, Monseigneur, vous daignerez me permettre que, cette fois-ci, je vous adresse de la prose, plus ou moins bonne, cette prose.

\* \* \*

Comme écrivain — n'est-ce pas que vous écrivez, Monseigneur? — votre Altesse saurait facilement saisir d'où provient ce travail avec ses qualités et ses défauts.

Quant à son contenu, je parle surtout des premières pages qui s'adressent à l'existence humaine sur terre, qui, mieux qu'un homme de votre rang et de votre qualité, Monseigneur, peut se rendre compte de la misère totale des conditions de notre espèce sur ce globe? — Qui, mieux que vous, Monseigneur, — vous qui, de tous les souverains contemporains, êtes celui qui, malgré toute préoccupations politiques, s'impose des heures de loisirs pour l'étude du monde et de sa philosophie, — qui mieux que vous, dis-je, peut comprendre, a déjà compris, que de toutes les choses, ici-bas, la plus durable, la plus constante, la plus réelle, est la douleur, helas! la douleur qui prime tout. — Notre vie n'est-elle pas une longue maladie qui se contracte par la naissance et que la mort seule vient guérir?!....

XX

Non! Monseigneur, on ne peut bien embrasser l'ensemble des choses que lorsqu'on se trouve sur une hauteur et, un souverain saurait plus facilement saisir la vanité des rêves humains qu'un simple mortel.

Ah! qu'il était donc bien placé, le roi Salomon, pour écrire son Ecclésiaste; s'il n'était pas souverain et souverain heureux, il n'aurait jamais pu concevoir une telle œuvre, il n'aurait jamais pu dire ces vérités..... avec un accent d'une aussi profonde amertume!

\* \* \*

Faut-il expliquer le mobile qui me l'a fait écrire, ce livre? Mais, ce sont les choses les plus douloureuses à dire!...

Or, vous savez, Monseigneur, qu'un grand crime a été perpétré,... un horrible assassinat a été commis. Les criminels?... pleins une forêt! Les assassins?... toute une république d'assassins, avec chefs en tête!... La victime?... un de mes compagnons d'armes!... Votre Altesse saisit le sens.

Sont-ils d'assez habiles scélérats ceux, qui se réclament d'une compagnie opérant „au nom de Jésus", ceux qui ont infiltré la substance du crime dans l'âme de 40,000 *d'hommes!*

Ah! les Jésuites! ils y ont réussi!

Ils voulaient prouver, en présence de la croyance qui s'en va, grâce à leurs agissements-mêmes, ils voulaient prouver la réalité de l'existence d'un *Judas.* Le sort est tombé sur un frère du Christ... un Juif ... un capitaine... Dreyfus!

XXI

*Judas* est devenu trop usé ... ils voulaient le refaire de la chair de Dreyfus. Mais, dans ce malheureux ils ont voulu personnifier toute la Race! Ste-Mère de Jésus! ... et ils y sont parvenus! ... car, vous entendez déjà, Monseigneur, combien on massacre Dreyfus en Algérie ... à Lyon ... à Nancy à Lille ... à Paris! ... Seulement ... ils y ont trop réussi ... ils y sont parvenus jusqu'au comble ... et tout le monde, l'univers entier peut les voir maintenant au sommet de la montagne vingt-fois séculaire du mensonge! et tout le monde, l'univers entier peut voir maintenant l'autre côté de ce mont .....
on ne les suit plus! on leur crie déjà: "Arrêtez vite "bande de Jésuites! perfides vendeurs du Christ et "du christianisme! ... votre jeu vous a été dange-"reux; on y voit maintenant trop clair ... et, à force "de trop réussir, vous n'avez pas réussi du tout: "Moralement, Dreyfus est déjà libre! libre! réhabi-"lité! affranchi de ses chaînes, enlevé de son île!... "ramené! réintegré dans la Grande Armée de la Jus-"tice. Mais ... Dreyfus n'est pas seulement Drey-"fus, c'est tout le peuple juif qui depuis des siècles "git dans *l'Ile du Diable de la Haine et Persécution*. "Or, ce Dreyfus collectif est innocent, car on a vu, "par trop vu, trop bien vu, qui a écrit le Bordereau "de la Grande Falsification de l'Histoire, c'est cet "auteur, c'est ce traître à l'Humanité qu'on accuse "maintenant et l'on dit: Si Judas Ischariote a jamais "existé, ce ne peut-être que Loyola et, si un christ a "été longuement, éternellement martyrisé, crucifié, "c'est le Juif, la Race mère de Jésus!" — — —

XXII

Monseigneur, ces choses là sont devenues trop claires, elles sont déjà trop dans l'esprit de tout le monde, pour qu'on eût besoin d'y revenir et de les éclaircir d'avantage. Au fond, qu'est-ce donc que les jésuites, qu'est-ce donc que cette affaire, ce crime, sinon une plaie de l'âme humaine?! Or, l'homme d'étude doit quelquefois se servir d'un instrument d'agrandissement, afin de pouvoir mieux analyser le mal. C'est ce que j'ai entrepris ici: j'ai employé le téléscope, il m'a montré la plaie agrandie (en réalité aucun téléscope n'agrandit pas assez les corps vus d'une grande distance), je la voie rapprochée et en désire montrer tous les détails dans tout l'ensemble. Mais, n'est-ce pas le juif qui a le plus souffert de cette plaie?!... Voici d'où le titre: *„Le Juif sur l'Ile du Diable".*

\* \* \*

En terminant, j'envoie, Monseigneur, un vivat au Prince de Bulgarie, un vivat à Sa royale Epouse, la bonne princesse Marie Louise, née dans une Maison et dans un pays où le mot Liberté a toujours été bien compris, tant que Loyola ne s'en mêlait; un vivat au gentil prince Boris; un salut au ministre Stoïloff et à Iwan Wazoff, le si généreux ministre de l'Instruction publique qui, le premier, a encouragé ma plume en Bulgarie!!!

Vive donc la Bulgarie toujours libérale, ce soleil qui se lève pour l'Orient, hélas encore sombre!

*L'auteur.*

## Un baiser au pur front du Mont Blanc!

### La Liberté errante.

Des globules de feu, d'ardentes étincelles
Fondaient, se confondaient au milieu du Chaos:
Pleuvait-il en soleils! — en flammes éternelles,
En torrents embrasés, en gouttes, en parcelles
D'univers, d'astres, d'eaux, de sang, de chair et d'os...
Ce jour où Rien fut Tout, et le Néant — des mondes?
Les Globes se fixaient, allaient valser leurs rondes —.

Dans le Fond infini le Mécanicien
Cesse le mouvement, s'arrête et dit: „Ministres,
„Vis, ressorts, instruments, notre Oeuvre est-ce le Bien?...
„... Le Bien est si facile!... il est tant ancien! —
„Pour moi, ces univers, je les voudrais sinistres...
„Anges, qu'en pensez-vous? — — — — —"
      — „Eli! le Beau! le Beau!
„Eli, faisons le Beau!!!" — — — — — — — —
      — „Non!!!... Eli, le Flambeau
„C'est Toi! les univers ne seront que ténèbres!
„Tu seras le soleil, tu les éclairciras —

## XXIV

„Toi-seul seras la Vie . . . eux, des mondes funèbres!!
„. . . Les anges sont connus, rends les démons célèbres!!!

— — — — — — — — —

„— Je veux bien, dit Yahvéh, mais, tu me noirciras
„Les ombres d'avantage . . . et, ce sera trop sombre! . . .
„Va, pour toi-seul, je veux créer un monde d'ombre —

* * *

Satan se retira.
               Devant Dieu Raphaël
Parut et dit:
         „Aho! pourquoi la noire Argile
„Que Tu pétris, Yahvéh!? . . . Tu la pétris de fiel!!!!
— „Je veux faire la Terre —.
            — „Hélas! fais donc un ciel!! . . .
     — „Soit! —
         — „Qui sera sur Terre??
              — Une Nature vile —.
— „Qui? . . .
      — L'Homme —.
         — „Dieu! ton Fils! —
            — Oui! lui . . . moi-même . . . moi!
C'est là le Beau, ma force: homme et Dieu cette foi! . . .

„Ayant été Vertu, je voudrais me voir Vice . . .
„Je veux être petit, moi qui suis l'Infini!
„Ayant toujours joui, je veux être au supplice . . .
„Je fus toujours Raison . . . je serai le caprice . . .
„Ayant été Sans-Fin, je serai le Fini —.
„Et, ma puissance alors, sera double, peut-être . . .
„Je ne serai vrai Dieu que par lui, petit-être!

— — — — — — — — —

— Ah! tout-puissant Eli! cet Etre souffrira! . . .
Quel est le gardien que Tu donne à la Terre?
L'homme-Dieu souffrira! Qui donc le gardera?
— „Satan —.

— Eli!!! non! non! Nabas l'égarera!
„C'est son Globe! . . .
— O noir Globe! ô Disque de la Guerre!
Planète de la Haine, où sera ta clarté?!?
— Au ciel —.
— „Ah! mais, sur Terre, il faut la Liberté!!!
— Ta Fille, ô Raphaël!...
— „Dieu! daigne que ma Fille
„Accompagne en tout lieu l'Etre que tu pétris!
Sur ce Globe des Nuits soit cet astre qui brille!
— „Mais, . . . on ne te verra qu'à travers d'une grille . . .
„Liberté — dit Satan — ô Clarté qui souris!
„J'aime l'illusion . . . l'espoir à l'homme est traître . . .
„Viens! Mais, tu viens chez moi . . . là-bas, je suis le maître!

\* \* \*

Longtemps la Liberté parcourait l'univers,
Errante et déjà lasse . . . à chercher domicile.
En vain! — Elle frappait aux portes des Hivers:
— Bon moujik, fort et sain, le monde est si pervers!
Toi, tu souffre . . . Ah! veux-tu me rendre plus facile
Le séjour parmi toi?! . . . Je suis la Liberté —.
— „Je veux bien . . . si le veut le Czar, mon doux Eté! —

\* \* \*

Econduite elle court jusques en Sybérie:
„Gouverneur, voudrais-tu m'accorder le séjour?
— „Seras-tu ma maîtresse?, alors . . . si fait chérie!
„Or, ici l'on travaille! . . . On travaille et l'on prie . . .
„Et l'on fait bon accueil aux nouveaux. . . chaque jour!
— Bon accueil!! . . bien! bien! bien! mais . . . que fait ce Cosaque?
— „Il garde hôte . . . air . . . et chiourme; il pend, ou
frappe, ou traque!

\* \* \*

„Je ne puis plus marcher, geignait la Liberté
. . . „Allons! qu'est-ce? . . . la Chine! O, terre de noblesse!!
. . . — „Silence! pas un mot! . . . passez de ce côté,
„Nul étranger, chez nous, n'obtient droit de cité

## XXVI

„Si pour nos coups de verge, il n'a pa de soupplesse.
„Allez! passez, sautez par dessus de nos murs!
„Allez trouver des sols aux peuples bien moins mûrs, —

Et l'Enfant de l'Archange allait courir l'Asie,
Puis l'Afrique!.. partout le Satan la suivait!...
Partout déception! partout apostasie
De l'Etre envers son Dieu!... Seule en la Poésie
Ou bien, dans la Sagesse, un rare homme écrivait:
Même au prix de sa vie: „Il faut que l'on soit libre!"

— — — — — — — — — — — — — —

— C'est que la noble Corde encor chez l'homme vibre

Quelquefois — se dit Elle . „Allons, cherchons ailleurs!"
Elle passa les mers —.
    \*   \*   \*
    „Vive la République!"
Entonna-t-on soudain —
    ...? „Un esprit de railleurs...
Pensait la Voyageuse... „Ou bien, des gens meilleurs...
... „Hé! l'ami! ce pays?...
   — Est nouveau: l'Amérique.
— „O Sacré Sol-Nouveau! Souffle de puberté!
„Je suis la Liberté!...
   „Vive la Liberté!!!"
Lui repondit un peuple en foules innombrables
— „Sois notre Citoyenne!!! — A mort les étrangers!!!...
— ?Quels étrangers?!..
   „Les gueux! ils sont gens exécrables,
„N'apportant rien chez nous, ces parasites stables!
„Ils prennent tout chez nous... Or, voyez les dangers
„Pour nous!...
  — „?Qui vous?...
   — „D'Ici...
    — „Vous faites hiérarchie!!
„Pauvres étrangers d'hier!...
   — „Ah! toi, c'est l'Anarchie!!..

— — — — — — — — — — — — — —
    \*   \*   \*

Elle migrait ainsi longtemps, hélas! longtemps!
Elle passa les eaux et vint en Angleterre:
„Reposons-nous ici, dit-elle, il n'est que temps!...
... Qu'est-ce?... j'entends du bruit...
    — C'est le Cor du printemps,
Hobbes est mort — Gladstone a commencé la guerre
Contre l'Intolérance, or, vive la Raison!
„Mais... de la Liberté!"
    — Soit! mais de la Maison...
— „Soit!... j'en serai maîtresse?...?
    — Es-tu bonne au commerce?
— „Commerce!?... quel commerce?!...
    — Ah! ma foi, renonce-y!
Il est facile à voir qu'un vain espoir te berce;
Vive le libre Argent!!!!...?
    — Assez! ce mot me perce
Le cœur! — Ah! ne mets pas les noirs points sur les i —
Je vois!... je n'y serais qu'une pauvre servante:
Je cherche un amoureux pour lui servir d'amante!!

— — — — — — — — — — —

— „Passe alors le Détroit — Vas au de la du Rhin,
Le Peuple germanique a besoin d'une amante;
Un déspote\*) l'opprime... Or, vas y mettre fin
Au joug!, vois, on t'invoque!... et même, on est inclin
A te payer... de fer! — la monnaie est constante —.
Vas! affranchis Saxons, Prussiens et Bavarois!

  \* \* \*

... Où donc fuit-elle ainsi!!!!???...
    — Séduite par les rois!!!...
Maintenant, éplorée et seduite!.. et bien lasse
Elle se plaint: „Mon Dieu! reprends moi! reprends moi!
Vois, hélas! de partout on me repousse et chasse...

— — — — — — — — — — —

... Ah! qu'est-il donc ici?... que veut ce peuple en masse?
— „Liberté! Liberté!"
    ... Toute pleine d'émoi
Elle demande aux gens: „Est-ce bien moi qu'on nomme?"

---
\*) Napoléon I.

## XXVIII

— D'où viens-tu donc?
— „Du Ciel ...
On la raille, on l'assomme —.
\* \* \*
De blessures criblée, elle pleure, invoquant:
„O Père de mon Père! ô Dieu de la Clémence!
„L'homme est déjà sans air ... ici-bas, suffoquant
„En lui ..., tantôt traqué, tantôt, hélas! traquant
„Lui-même, bête fauve! Et, sans cesse il balance
„Entre l'homme et la bête!...
— O noble Fille, assez
Pleurer! assez gémir! Espérez! — là! — passez!..

— — — — — — — — — — — — — —
\* \* \*

...„Par ici! dit Satan,... ce pays sera libre!....
Réjouis-toi donc! vois... la Révolution!!!...
Entends-tu ces canons d'un immense calibre!!
Les Césars tombent bas!... La Seine au bord du Tibre!..
La Liberté partout!... Voici ta Nation!..
— Et, ce petit soldat \*)?.
— Père des républiques ...
— Lui?!...
Lui-même!.. attends-donc!
Elle attend aux portiques.

Patiente elle attend... Le sang coule par flots...
Elle assiste aux horreurs... Carnage après carnage!
Le sang se mêle aux pleurs, les horreurs au sanglots:
Après César les rois... Complots après complots!
Mariage et divorce et guerre et haine et rage!
Patiente, Elle, attend... On écrit: „Liberté...
Voici: „Fraternité"... Puis vient: „Egalité"!!!

— — — — — — — — — — — — — —

„Hors d'ici!„ lui dit-on d'une voix rauque et forte
„La France vous expulse!... allez chez l'Autrichien"...
! ! !
\* \* \*

―――――
\*) Napoléon.

XXIX

— „Qui vive?!
— Liberté!
— „Chez nous tu seras morte...
„Va-t-en chercher séjour près la Sublime-Porte..
„La Liberté, chez nous est en prison ou... rien...
„Près la Sublime-Porte... en la Terre ottomane
„Va-t-en, va-t-en, là-bas, Liberté monomane!

\* \* \*

Ainsi s'étaient passés des jours, des mois, des ans —
— „Salut noble Khalife! excuse, en ton Empire
„Je viens chercher réfuge...
Ailleurs?...?...?
— „Tous des satans!
„Tout persecution... ô Sultan des sultans!
„Tout est haine et prison: sang et potence et sbire!..
— Je sais!.. le Ghïaour est ennemi du mien...
Tant pis donc! je m'en vais massacrer l'Arménien —

— — — — — — — — — — —
— — — — — — — — — — —

— „Hélas! Dieu! reprends-moi! Je veux près de ton Trône,
„Près de Toi-Sadaï, je veux revivre en paix!
„Ici-bas nulle part je ne trouve une zone
„Qui puisse m'abriter!.. On le fait par aumône...
„Quelquefois... mais, bientôt je deviens un lourd faix...
„Alors... ou me rejette... Ah! c'est qu'il est indigne
„De moi le vil humain!...
— Poursuis! poursuis ta ligne!
Retentit une voix du plus profond du ciel
„Retourne sur tes pas... cherche!... là-bas... au Centre!
„Là-bas tu brillera!... Là!... Sois prompte à l'appel!...
„L'homme n'est pas tout fiel... il est encor brin-miel...
„Mais cherche!... écoute!... entends!...
— Voici!... Je vois un antre,
Evelavé dans des monts!... tout val, tout ment, tout val!
Tout chante et danse et rit!... est-ce un éternel bal?

— — — — — — — — — — —

— „Vive la Liberté!!!!!!!!!!!!!!!!!!!!!!!!!
— Qui crie????...

# XXX

— „Un Homme-Hélvète!
— Un permis de séjour?
— „Le voici pour toujours
„Vive la Liberté!!! chant-on et l'on répète:
„Vive la Liberté!!! retentit la trompette.
— — — — — — — — — —
— Oh! nuits, terribles nuits! adieu! voici les jours!
— — — — — — — — — —
Et les anges en chœur entonnaient Helvétie!
Vive et prospère toi, seule Démocratie!!!

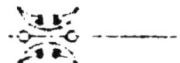

## A mon ancien Professeur de philosophie.

*Mon Maître!*

Vous savez qu'il arrive aujourd'hui dans la littérature l'inverse de ce qui se fait dans le mariage.

Autrefois on attendait pour écrir le respectable âge de 40 ans. Aujourd'hui on choisit cet âge pour se marier.

Autrefois on se mariait entre l'âge de 15—17 ans; aujourd'hui, avec ces années on se croit déja de la virilité littéraire.

Quant à moi, je crois avoir attendu raisonnablement l'âge non d'épouser ... mais de paraitre en public avec ma moitié belle ou laide ... je n'en sais rien, mais en tout cas elle n'est plus vierge.

Cependant, une chose vous surprendra: je vous ai parlé dernièrement d'un acte de naissance philosophique. Or, il arrive souvent qu'un père s'attend à voir sa femme lui donner un superbe fils, quand, tout à coup, on vient lui annoncer que ce n'est qu'une fillette ...

C'est ce précisément qui vient de m'arriver à moi. J'espérais un beau livre philosophique, quand ma chétive muse capricieuse, accoucha d'une méchante poésie. Je lui donne le nom de baptême *Mlle de la Triste Vérité*. Hélas! elle est sans dot! ... son Futur la voudrait-il ainsi? ...

L'auteur.

* * *

## A Theo et Thomas.

En signe de notre douce Triplice.

L'auteur.

# CHAPITRE I.

## ?...!? Coupable ?!!...

> Eripit etiam spem, quæ sola homi nem in miseriis consolari solet; vitam solam relinquit: quam si eripuisset multas uno dolore, animi atque corporis — — — — — —
>
> (Cicero, *In Catilinam*, oratio IV.)
>
> Il leur ravit jusqu'à l'espérance, seule consolation des misérables; il ne leur laisse que la vie... sans doute, de peur qu'en la leur ôtant, ce fût mettre fin, par un tourment seul, à tous leurs maux, et d'esprit et de corps.
>
> — — — — —
>
> (Cicéron citant le projet de César comment punir...)

Vous l'y voyez, là-bas, sur cette éminence sombre et aride, sur ce lugubre amas des pierres, tantôt poussiéreuses, tantôt humides, — sa catacombe! — et sur lesquelles, encore debout, il se meut — dans un cercle restreint, assigné — comme un ironique cippe vivant, de lui même, qui marcherait sur sa tombe!...

Ah! cette Ile rocailleuse qu'un cataclisme universel a épargnée, un jour, pour qu'elle serve d'abri à la Chair animée contre l'Océan destructeur, le conservera-t-elle donc!? . . . . .; elle ne lâchera plus sa proie! . . .; non, l'Océan ne noyera plus cette Chair; certes, puisque déjà elle est guettée par le gouffre de cette Poussière . . .

Vous l'y voyez . . . Il est là . . . catafalque de son propre cercueil . . ., sur cet *Ilot de l'Expiation*, au milieu de cet archipel — constellation de la mort — perdu dans l'infini des eaux hostiles et d'asphyxiantes vapeurs . . .

Vous le connaissez tous. Il est le noir diadème de cette Création-là . . . ce Squelette dans lequel loge encore un résidu de vie, et qui remue encore . . ., mais déjà comme se meut la planète éteinte, en attendant que le mouvement cesse —.

Ah, vous le connaissez tous, cet adolescent de naguère!... Hier encore, avec quel entrain, avec quelle indomptable fougue il s'est jeté dans la vie! combien était ardent son enthousiasme! combien vastes ses rêves, combien puissants ses désirs! . . . Ah! étaient-elles inépuisables ses espérances . . . ., ces belles, ces riches espérances dorées! Et qui donc aurait osé mettre un frein à ses ambitions, à ses hautes, à ses légitimes ambitions?! . . .

A présent . . . voyez-le . . . il est là! . . . Or, c'est son ombre qui renforce les ombres et de ces îles . . . et de leurs alentours. Il est là, sur ce bûcher qui le consume lentement, ce bûcher froid. — Il est là, genre de Christ couronné d'épines; ah! qu'elles lui brûlent le front à petites flammes! et ce qu'elles saignent sa chair, à petites gouttes! . . . . .

Il est là... isolé, désolé, abandonné à lui même, bien qu'étroitement surveillé... Or, nulle voix ne lui parle, si ce n'est la sienne propre; or, tout autour de lui est morne, rien ne lui sourit, si ce n'est, de temps en temps, sa propre âme...

Mais, cette âme se révolte, mais cette âme proteste, mais cette âme s'indigne... Hélas, en vain!

Tout à coup, puissante de ses douleurs, elle blasphème — elle exhale par un mot terrible tout le fiel qui s'est accumulé, qui s'est cristallisé en elle, et qui, maintenant se dissout, s'évapore: c'est la première épreuve, elle l'a subie, avec force et, déjà elle est l'égale de ses juges... dès ce moment ils ne sont rien, leur jugement est nul; lui, l'homme qui a su souffrir et se demander pourquoi... et souffrir, quand-même, lui, désormais il est tout: c'est lui qui juge et, il condamne; son blasphème est un terrible verdict.

Alors, au milieu de sa cellule, debout, droit, calme, ses poings crispés descendent, s'ouvrent..... ses lèvres serrées d'amertume reprennent leur harmonie, son visage se déride, les nuages passent, l'homme éclate d'un sarcastique rire... — la gaité de martyr... au dernier moment. — Hélas! seront-ils nombreux ces derniers moments! — Peu à peu, il se radoucit et revient vers l'espoir, vers le suprême espoir, — un instant. Mais, ô vanité de la puissance humaine! ô funeste force qui ne nous a été donnée que pour mieux pouvoir vider le calice amer! Hélas! de nouveau l'âme retombe dans la cruelle exaspération; de nouveau les angoisses s'emparent d'elle, plus violentes et, la-voilà de nouveau plongée dans le plus inimaginable des désespoirs!

Vous le voyez de nouveau, à grands pas courir au long et large, entre les quatre murs épais, de sa prison, gesticulant, soupirant, gémissant, maudissant. Maintenant, il s'arrête décidement. Maintenant..... c'est pour la millième fois qu'il redemande — il se redemande :

„Mais..... que s'est-il donc passé? — qu'ai-je fait? qu'a-t-on fait de moi, des miens? où suis-je, Dieu!? — pourquoi suis-je ici???" Et il se met à interroger de plus fort, tout ce qui l'entoure — —
— — — — — — — — — — — — — — —

Morne silence, lugubre quiétude!..... personne n'entend... nul ne répond, rien ne bouge. Le prisonnier s'étonne :

„Quoi donc, un antique sarcophage!?... serai-je déjà de l'empire des morts?!, ah!... mais, j'étouffe ici! de l'air! de l'air!..." et il se met à frapper aux murs de la forteresse, violemment, éperdument, désespérément. Il appelle, il crie, il interroge de nouveau.

... Morne silence! lugubre quiétude! — „Morne silence, lugubre quiétude!" se répond-il à lui-même; et les échos répètent : „Morne silence! lugubre quiétude!"...

Alors, il s'effraye — de lui-même. Soudain, il lui semble son âme descendre... descendre... comme une étoile filante, dans les ténèbres de la nuit..... descendre et plonger dans l'abîme...

Encore une fois, une dernière fois, il essaie d'obtenir une réponse des muets alentours. Mais, personne n'entend, nul ne répond, rien ne bouge. — „Pourtant ... mais, tout n'est pas mort, ici....." Soudain, il s'impatiente : „Hé! mais..... pour l'amour de Dieu, répondez donc! Hé! vous là-bas, autour... les compagnons... les gardiens, ou, qui que vous soyez, pour l'amour de Dieu, mais répondez donc! Je suis capitaine... votre capitaine... il me semble."

Un éclat de rire strident et sardonique répond : „Les subordonnés n'ont rien à apprendre au „„capitaine""... „Qu'est-ce donc? tout est énigmatique!... Pourquoi suis-je ici, si misérable?!"...

Le voilà anéanti. Son être s'affaisse sous le trop lourd poids des souffrances, ses genoux fléchissent et, épuisé, il se laisse choir sur sa couchette dure, humide de larmes et, qu'il arrose encore de ses larmes chaudes. Ses sanglots ne finissent plus, et les murs de la prison retentissent des cris que de lugubres échos répètent : „Ah! puisse à jamais être effacé le jour où je nacquis et la nuit où il fut dit: un homme a été conçu!... Puissent ce jour et cette nuit se confondre en une ombre épaisse que nul rayon solaire ne viendrait plus éclaircir!!!... Hélas! hélas! quelle cruelle destinée m'a fait naître! pourquoi suis-je?! pourquoi vis-je, si infortuné! si misérable!...

— „Misérable! misérable!" entend-il de sourdes rumeurs lui répondre à travers les sombres parois de sa prison... „Misérable! misérable!" répète une foule d'échos sataniques; „misérable! de quoi donc te plains-tu? Ne feins pas d'ignorer, voyons, tu es criminel... expie!"

A ces mots, le malheureux se lève brusquement, redresse sa tête, plein de rage et d'une fière indignation, pousse un cri aigu, puis, courbe la tête et retombe sur sa couchette, couvrant de ses mains sa face moite, ses yeux abondant de pleurs.

„Ah!... c'est cela... oui! je m'en souviens: c'est bien cela!... le *Huis-Clos*... là-bas...; des visages haineux, glacés... impassibles:... Mais... *criminel??* — en quoi donc?, de quoi suis-je criminel??? Oui, de quoi, de quoi suis-je criminel, quel est mon crime? Voyons, messieurs les juges, voyons très-respectable, très-haut Tribunal, Conseil de Justice suprême et d'Honneur sans vanité, veuillez me citer mes méfaits, daignez me dire de quoi vous m'accusez..... Hélas! ils me l'ont bien dit, mes juges, je m'en souviens, le Tribunal m'a dit textuellement: *„Juif! tu es coupable! coupable! coupable! ne raisonne pas, tu es trop coupable... tu es Juif.... ne l'es-tu pas?...*"

„Eh bien, oui, c'est moi"... Il l'a bien entendu: il est coupable! il l'a bien entendu, on l'a dit... et puis... n'est-il pas Juif?..... peut-il nier qu'il est juif?!... La preuve est donc là, incontestable, il la connait, il n'a pu rien répondre, rien dire, rien nier, rien discuter, il est Juif, il est coupable! coupable! Il l'a entendu, bien entendu et même... mais oui! il l'a même vu! Ah! ce qu'il a vu! tenez, rien que le souvenir de la chose vue l'emplit déjà d'effroi et d'horreur, le fait frémir comme dans une fièvre d'agonie —.

— Il est sur la place — à peine sorti du *Huis-Clos*; on va l'emmener à sa destination — à *l'Ile*. Un océan d'êtres l'entoure; des êtres qui semblent se rapprocher de son être. — Est-ce à cause de la nuit qui règne? — mais, il cherche en vain une face amie, un visage connu. — Hélas! il ne peut même pas lire une expression humaine sur tous ces visages — dans toute cette mer des faces qui ondoient. — Par contre cela s'agitait, comme si un soudain ouragan y fût déchaîné! cela clamait, cela grondait, hurlait, rugissait, ménaçait — cela vociférait et sifflait dans la houle! — Et, au milieu de tout cela, lui! Lui seul, avec quelques gardiens, faible digue contre ces fureurs soulevées! —

Quoi donc! lui seul aurait été l'objet de toutes ces tempêtes? Lui seul, chétif batelet, à peine sorti du port — à peine sa voie commencée et, déjà, tout à coup, jeté sur la dérive — encore se débattant, éperdu, vainement, contre les ondes; — lui-seul aurait-il excité cette brusque rafale qui sévissait et, si âprement, là-bas, dont la rage et dont la violence augmentaient à fur et à mesure que l'heure fatale, où il allait à jamais sombrer — approchait?!?

Quoi! lui, faible être dégradé, aurait donc été la cause de tout ce soulevement général qui, jadis, coûta un trône à un royaume; qui naguère inonda et effaça plusieurs siècles d'histoire et dont l'aveugle colère, récemment encore, fit tressaillir un monde?!

Hélas! il semblait que oui! — et, ô cruel sort! au milieu de tout ce courroux universel, pas un mot d'indulgence, pas un souffle de compassion qui parvînt jusqu'à lui, pas un cri d'indignation! Or, s'il y en avait — ils furent tôt étouffés par le sauvage chaos des foules clamantes — — — — —
— — — — — —

Maintenant, il retient quelques traits vagues, mais bien sombres de l'horrible tableau : La grimace d'un monde de fauves, une physionomie où se peignait la méchanceté des siècles. Oui! c'était un infini océan de bile. — Et ces ondes! et ces brisants — et ces lames — où écumait tant de rage et dont sortaient tant de griffes, si hideuses, si crochues, si avides d'une proie! —

Eh bien, comme dans un horrible rêve, il s'en souvient et — ce souvenir le glace: Soudain, il a été submergé par l'écume — il a senti les griffes, il porte encore les traces des dards —, il a dû essuyer de sa face le vénin du crachage! —

Des coups de pierres, de la boue en pleine figure, des bâtons brisés sur sa tête —, il s'en souvient! Car, déjà cette foule le serrait de près, déjà elle s'était abattue sur lui et, ne furent ses geôliers, ses inséparables geôliers, chargés de l'emmener à sa destination, le grand, l'affreux monstre composé de ces foules l'eût englouti, anéanti, déchiré! On aurait dit d'innombrables légions des démons envoyés de là-bas — de l'Enfer, pour former son escorte. —

Ah! ils retentissent encore à ses oreilles, ils l'étourdissent encore, telles mille cloches furibondes, ces féroces hurlements qui emplissaient l'espace: „A mort! à mort! le Juif! le s— Juif! à mort! à mort! le Juif! le traitre! le coupable!" — — — — —

Puis, il a été transporté, embarqué, emmené, installé, emprisonné et, depuis il est gardé à vue. — Maintenant, vous l'y voyez, il est là, ombre de lui même; il interroge encore, toujours, sans fin, car — sans réponse! Seulement, tandis qu'il agonise, il lui arrive, de temps en temps, de percevoir à travers les ténèbres des voûtes, l'invariable et triste refrein entonné par d'inconnus échos : „Oui! oui! pour sûr, il est coupable, il est bien coupable, le Juif!"

Et lui, déjà habitué — se répète machinalement, à lui-même : „Oui! oui! coupable, coupable! il est bien coupable le Juif!" — Mais, tout à coup : „Dieu! qu'ai-je dit!" — — Et de nouveau il retombe sur son lit d'agonie, et continue de se consumer en silence dans le lent supplice, tandis qu'à travers l'épais grillage, il entrevoit, au lointain, un sans-fond des mondes se mouvant, vibrant, vivant, fêtant, solennissant et triomphant! — — — — — — —
— — — — — — — — —

\* \* \*

O vous, cher lecteur, vous qui pensez, peut-être, incrédulement, comme ses bourreaux, qu'il suffit d'être Juif pour être coupable, admettez, un moment, un seul instant, le contraire. — Oui, admettez, et dites-vous: „Et si — pourtant — s'il ne l'est pas — s'il n'est pas coupable, ce Juif — Eh bien — Ah! s'il était... s'il était innocent! — En effet, s'il est innocent! — Ah! alors... — Alors! — Eh bien, alors!...?! — Mais, cela donne du vertige! — mais, cela prouverait qu'un grand esprit criminel, insaisissable régit le monde! Mais, l'ombre aurait vaincu la lumière! mais, il serait une Nature qui supplicie! mais Dieu serait Moloch, Moloch trônerait! — L'Etre serait voué à la malédiction d'un Satan invisible et Tout-Méchant! Mais, la Tyrannie serait omnipotente et la Justice un néant! Mais, cela prouverait un *fata-morgana* dans tout le désert moral des mondes — excepté pour les oasis des pleurs — seule consolation qui resterait. — Mais

cela serait épouvantable! Mais, c'est inadmissible!
Non! non! cela n'est pas, c'est inadmissible! ce serait
par trop cruel! un univers qui s'éffondrerait! — —

Ah! s'il est innocent! — songez: brutalement
saisi, arrêté dans le plein essor de ses espérances,
dégradé, couvert de boue, mis au niveau des bêtes
fauves, exposé, livré à des féroces que la vue seule
du sang qui dégoutte énivre — enfermé dans une
case dont à travers les sombres barres, il distingue,
au lointain, un infini animé, un infini d'univers infiniment spacieux, libres et mobiles; un horizon que les
brumes voilent parfois, mais dont quelques points lui
laissent souvent entrevoir — au delà — toute une
vie qui, maintenant, devant sa mémoire surchargée,
éffacée, ne fait que lui sembler — d'avoir été sa vie
et, dont, encore, de temps en temps, il paraît se souvenir de quelque chose, — quelques épisodes heu-
reuses. — Car, certes, il n'est pas né ici, et ce n'est
pas dans les obscurités crépusculaires de ce séjour
qu'il a connu tout ce que sa mémoire, son imagination lui montre : ces univers de clarté, cette vie dont
chaque heure sonnait l'allègresse et la marche en
avant vers de nouvelles jouissances. — Mais oui!
dans sa mentalité fatiguée, il lui *semble*, il se souvient
comme de quelque séjour autre que celui-ci, — quelque part; il avait donc — au delà de cet horizon —
une résidence libre, au sein des êtres qu'il adorait qui
l'adoraient, des êtres qui lui ressemblaient — qui par-
laient, agissaient, pensaient, sentaient comme lui —;
au sein d'une famille chérie, sa famille. — Ah! et —
nul affreux grillage n'entravait alors sa vue! — il en

est sûr, son souvenir le lui dit, nul grillage, non! et nul garde-chiourme non-plus n'était là pour s'opposer à ses désirs, pour l'injurier, le maltraiter! — Non, alors, personne qui empêchât ses actes, nul qui arrêtât, qui paralysât ses mouvements! Il était libre, — il s'en souvient — il lui semble — Hélas! mais à présent, il est ici, seul, abandonné, mais interné, surveillé, épié; agonisant! — —

Ah! s'il est innocent! —, si, un jour, il est reconnu tel! Quel paradis, fut-il supérieur en jouissance à tous ceux que les dieux et que les éternels aient de tout temps promis, fut-il même le trône de Dieu! — quelles délices pourraient le récompenser des maux soufferts?! Quel *Walhalla* saurait l'énivrer d'un nectar assez doux, après tant de fiel aspiré!? Quel opium, fut-il du plus esquis parfum, parviendrait à lui procurer un délire plus bienfaisant que la terrible réalité n'a été funeste pour lui?!, à lui ouvrir des rêves aux félicités plus immenses que ses infortunes n'ont été vastes?!, à lui donner des extases aux transports plus grands, plus intenses que n'ont été lourds et cruels les cauchemars qui l'oppressaient?!?

Et, y aurait-il des houris aux charmes assez célestes, aux amours assez divins, en des séjours assez enchanteurs pour lui faire oublier la famille tant chérie, dans le foyer des jours regrettés?! Car, hélas! il ne retrouverait, peut-êtres, plus, ses être adorés sous les rayons de ce radieux soleil sans tache, sans ombre, que seul un printanier bonheur premier, que seule l'aurore de la première félicité, — — la lune de miel des heurs et des rêves primitifs, des innocents heurs, des légitimes rêves naissants a pu, jadis — faire briller, chez lui, de tout son éclat! — —

O Destinée déstructrice! ô Juges assassins! ô Esprits gourmets de sang! Le navire sombré ne se repêche pas souvent sans avaries! et l'être une fois dégradé, flétri, brisé, extirpé, ne recouvre plus facilement son honneur, ne redresse plus sa tête courbée, ne retrouve plus ses forces et chercherait vainement un fil pour renouer son existence à la vie de sa jeunesse!! — Les archanges qu'Elohim, dans son courroux, a jeté sur le bas-globe ne sont plus remontés vers le ciel, et lui — l'Infortuné, ne se relevera plus sur son char des rêves enflammés! — hélas! il y aurait toujours le boulet du noir souvenir qui peserait et qui entraverait son élan! — —

Non! même libéré, il ne reverra plus ces grandes lumières des jours primordiaux — — Non, même s'il sort des ténèbres, le reste de son existence ne s'écoulerait plus qu'entre une clarté demie-ténèbres. Non! il est condamné! à jamais condamné! condamné! condamné! Plus d'avenir, hélas! mais un cruel passé! — — —

O grandes âmes du martyrologe! Jésus, toi, tu n'est resté qu'un jour sur la croix! Socrates, tu n'as bu qu'une fois la ciguë! — — Jeunes Romains! vous avez pu, quelques instants, volontairement, soumettre vos bras aux flammes! — — Mais, ce n'était que pour l'accomplissement de votre volonté et, vos nerfs y étaient préparés d'avance — — Campanella, Bruno — — vous avez su subir de longs, d'horribles, d'affreux martyrs, mais la parole, mais les communications ne vous étaient pas interdites, et, vous saviez le *Pourquoi* de vos supplices — et, votre martyre ne devait pas demeurer stérile! — —

Ah! puissent vos mânes venir ici!!! Venez, admirez! inclinez vous! Cet homme-là est plus grand, il souffre plus : il est chaque minute sur la croix, depuis si longtemps! — il boit sans cesse la ciguë. Il est condamné de se mourir à vie! — durant toute sa vie! — à la mort perpétuelle! — et, le souffle ne lui a été laissé que pour qu'il pût plus mourir, expirer double, triple, centuple, infiniment et, avec chaque minute d'avantage, placé qu'il est sur la confin qui sépare la vie de la mort, la face tournée vers le Styx et, sans pouvoir, hélas! franchir la limite! — —

Ah! venez! venez, Esprits des Grands Martyrs! Vous répugnent-ils les crucificateurs, les tyrans, les inquisiteurs?! — — Venez ici, et exprimez une plus grande horreur en face des plus grands assassins qui jugent et qui condamnent!!! — — Ah! c'est qu'ils l'ont assassiné à petite saignée!!! Son autodafé le consume lentement — — Admirez! admirez! un seul l'a égalé, l'a exprimé : celui qui a pu dire : Je ne suis pas mort au supplice... j'ai fait plus, j'y ai vécu! — — — — — — — — — —

Ah! s'il est innocent, si j'amais il est reconnu tel, comment lui rendrait-on tant de sang innocent, égoutté par la torture?! par quoi remplacerait-on chez lui ces globes d'ardentes espérances qui flambaient, qui vivaient, qui s'agitaient en lui, et qu'il a vus sombrer, l'un après l'autre, minute après minute — — à jamais sombrer, irrévocablement, dans le glacial Néant?! — —

Ah! s'il est innocent — — Or, songez, ce qu'il a enduré, ce qu'il souffre encore sur ce pilori-là — —

sous ce soleil infernal qui fume — qui le cuit tel un charbon incandescent, qui l'asphyxie par les malsaines vapeurs qu'il fait sortir du sol et, qui le tue par ses rayons exhalant des flots des miasmes homocides, charriant des fleuves d'épidémies et des fièvres de l'univers pour les déposer sur cette Ile-mégère, renommée pour son climat meurtrier; cette Ile qu'il ne peut fuir et où il peut encore moins résister — —

Ce qu'il supporte là-bas de l'humidité, ce venin de l'océan qui suinte à travers les fentes de ces rocs! — — Et l'hiver, ce qu'il y est exposé aux sauvages intempéries! ce qu'il bise aigrement par là! — —

Comme s'il n'eut pas assez de ses gros ennemis visibles, hélas! toute son ambiance, toute la nature jusque dans ses éléments les plus imperceptibles, est liguée contre lui, tout y est du complot, tout y est conjuré contre sa vie — hélas! et rien ne le tue en une fois! — Car, ce sont de petites blessures qu'on lui fait, de petits coups qu'on lui porte, maintenant — de minces filets de sang qu'on lui tire de son être, de petits lambeaux qu'on arrache à sa chair, minute par minute! — —

Ah! Napoléon, on ne t'a pas demandé comment tu es mort après avoir pu vivre! On s'étonne de voir souvent un petit coup de vent imperceptible renverser soudain un grand arbre qui a résisté aux tempêtes! — — C'est qu'ils rongent doucement les petits vers — — c'est qu'ils ne font tomber les feuilles que lorsqu'elles sont déjà bien jaunies, bien fanées — — c'est que les racines ne se rompent que lorsque l'essence de l'arbre a été bien rongée, lentement détruite — ne gardant à l'extérieur que l'écorce — — au dedans la vie est déjà remplacée par le vide — — un coup, un petit coup de vent sur le sommet, achève tout, les racines restées trop longtemps sans nouvelle sève, cèdent, l'arbre tombe ! — —

Hélas ! est-ce ainsi qu'il terminera un jour, peut-être, non lointain ?! — — C'est à prévoir. En attendant, il continue à voir ses jours s'étioler, sans y rien pouvoir —,—

Encore, si ses maux n'étaient que physiques ! si l'armée hostile ne l'attaquait que du dehors ! — — il trouverait, peut-être, en lui, une force pour l'opposer aux assaillants. Mais non ! le plus redoutable ennemi siège déjà en lui et l'attaque au dedans ! — — Le Créateur ne lui a-t-il pas donné l'âme, cette hydre perfide à mille têtes, à mille dards, si souriante dans le bonheur ! et si suppliciante dans l'infortune par le poison de ses mille et mille doutes, par les dards de ses infinis soupirs, de ses incessants regrets qu'elle infiltre en nous — — Ah ! ce qu'elle extirpe l'esprit du malheureux prisonnier ! ce qu'elle tourmente sa chair ! — ce qu'elle inquisitionne tout son être !!! — —

Car, elle ment cette philosophie de l'école optimiste qui nous dit que le bonheur est en nous, donc partout où nous sommes ! Car, ils s'énivrent les stoïciens qui allèguent que le contentement est dans la résignation, donc partout, puisque la résignation n'est que le pir aller ! Car, ils sont sots, car, ils ignorent encore, ils mentent aussi, ou, ils oublient, ceux qui prétendent que la félicité n'est pas une condition de l'existence de l'Etre ! — On peut donc être heureux sans bonheur, on est donc toujours heureux, le bonheur est donc partout où nous sommes ! — —

Car, ils sont de l'école sophistique ceux qui disent que l'heur est père et fils, à la fois, du maleur et, *vice-versa*, qu'ici-bas, l'un engendre l'autre, l'un dépend de l'autre, l'un vient après l'autre; le malheur n'est donc pas, puisqu'il n'est que la mise en scène de l'heur: on n'a donc rien à craindre, rien à souffrir, mais à se préparer — — à respirer un moment, pour pouvoir jouir de nouveau, jouir d'avantage; ce n'est qu'un tunnel plus ou moins petit à passer; la lumière est la plus grande, elle est générale, elle est toujours; la misère est le nœud entre deux bonheurs; le bonheur est général, il est toujours; on est donc toujours heureux! le bonheur est donc partout — — Pour qui comprend! — —

Ah! de grâce, ne les écoutez pas! Ils mentent! ils mentent! ou, ils ne pensent point.

Or, si la félicité était partout, où serait la misère? —?

Or, s'ils ne tenaient pas leur délire d'un affreux breuvage de basse philosophie, ils sauraient, ces stoïciens que la résignation nie toute possibilité d'être heureux, puisqu'ils ne le cherchent, eux, dans le néant des choses, qu'après l'avoir vainement cherché dans les choses mêmes; puisque, n'ayant pas pu boire à la source limpide même, ils apaisent leur soif dans le marécage; puisqu'ils ne se servent du misérable lampion à huile que dans le désespoir de jamais découvrir l'éclat du grand soleil. Mais, la soif du bonheur existe et tourmente!...

Oh! et que c'eût déjà été un ample heur pour nous misérables êtres, si la félicité existait ici même à l'état de mélange! si le globe de notre vie intérieure avait de ces deux hémisphères, l'une lumineuse, bien que l'autre en ombre; clartés après ténèbres et ténèbres après clartés! — et, que celles-là ne seraient que pour donner plus d'effet à celles-ci — —

Hélas! en sommes-nous loin! puisque dans un gouffre de misère nous entrevoyons à peine, çà et là, un faible reflet d'heur! — — —

— „?"

— „?" — Eh bien, voyez, par exemple, cette vieille mère, débile veuve. Tous ses enfants, après son époux, ont expiré devant elle, l'un après l'autre. Cependant, il lui reste encore un dernier rayon d'espoir: un fils en vie, dernier soutien de ses derniers jours à elle. Mais, hélas! voici qu'à son tour ce fils tombe malade et — bientôt, rend le dernier soupir. — Ah, philosophes! simplifiez votre langage! parlez à cette désastreuse, que lui direz-vous? Ah! dites-moi ce qu'elle deviendra l'infortunée, que deviendra le dernier rayon d'espoir? — le conservera-t-elle? — — Et vous, à sa place, dépouillé du vain habit de votre fausse philosophie, conserveriez-vous même l'ombre de l'espérance — — En quoi? Seriez-vous heureux en ce cas? vous, à qui un de vos livres avortés — — tourmente déjà! Ah! j'entends, vous tromperez la pauvre vieille! vous lui promettrez de retrouver sa famille ailleurs — bientôt, plus heureuse! Détrompez-vous: les plus brillantes promesses des délices dans un autre monde ne sauraient plus dérider son visage contracté de douleur!

Il y a donc une douleur profonde, sans contours ni limite — Tandis que — voyez ce grand seigneur, l'homme au front ceint de lauriers, le cœur gonflé des

4

rêves audacieux et l'esprit bourru de la vanité des grandes œuvres achevées; le visage auriolé par les jouissances qui sont là — tout près... et qui vont venir; les yeux étincellant, d'où jaillissent des fusées d'heur et, déjà cet heur emplit tout son être — —

Eh bien, écoutez, grand seigneur, et, vous aussi sublime penseur, vous à qui il ne s'en faut que d'encore un chapitre, un seul, un petit chapitre pour terminer cet ouvrage — destiné à l'immortalité et qui vous rend si heureux à la pensée de redempter par vos puissantes démonstrations et le genre humain et sa philosophie — — Eh bien, dis-je, écoutez — un mot — un seul *mot* — — oh! pas bien long, trois lettres:

„VOUS MOURREZ AVANT DE JOUIR"

„Vous, seigneur, avant que viennent les délices attendues — — et vous, penseur, avant de commencer ce dernier chapitre" — — — — — —
— — — — — — — — — — —

Hé! qu'y a-t-il?! Dans quelles ténèbres ont donc soudain plongé vos regards pour se tant assombrir et rassombrir encore! Quelle main invisible a donc touché à vos éclatants lauriers pour les faner si vite! Quelle profonde nuit est donc venue voiler votre visage, tantôt si radieux?!

O grand, ô radieux, ô superbe front de génial sondeur du monde et des choses! dites: quels flots d'abime, de noire tempête ont donc pénétré dans votre âme et y ont éteint ces mille candélabres diamantés qui, tantôt y répandaient tant de lumière?!?

Quoi! un seul mot, un faible souffle: „VOUS MOURREZ" a eu la funeste puissance de remplacer au fond de votre gigantesque *moi*, par un horrible Enfer, cet Eden délicieux aux mille salles illuminées, aux jardins suspendus, aux fontaines dont jusqu'au ciel jaillissaient naguère des rêves cristallins et dont perlaient des pensées si belles, si pures, si neuves! —

Quoi! „VOUS MOURREZ AVANT D'ACHEVER" serait un terrible monstre un affreux boa qui vous guetterait sur votre passage et dont le venin vous atteindrait même de loin! VOUS MOURREZ AVANT DE JOUIR serait une bise assez forte pour être à même d'attaquer, d'ébranler et de glacer ensuite et de paralyser votre cerveau ensoleillé qui tantôt, moment par moment, engendrait et lançait dans l'Espace des mondes d'éthériques songes et des substancielles pensées! — — Et tout cela s'est évanoui! et tout cela a été dissipé, anéanti! et tout cela par un seul mot, Voltaire! par un seul mot! — —

Ah! c'est qu'il vous a tranché vos ailes, ce mot! — — les primitives ailes! Ah! c'est que désormais vous ramperez, sautillerez, mais vous ne vous éleverez plus jusqu'aux voûtes sereines de la félicité azurée, où vous voltigiez tout à l'heure. Désormais, votre œuvre ne sera plus jamais achevée! car, vous-vous précipiterez, vous ferez tout à la hâte! — — Désormais, quoi que vous fissiez, un épais nuage planera sans cesse au-dessus de votre tête et votre ciel ne sera plus jamais pur.

L'heur le plus vaste et donc néant, sans réalité, sans substance!!! et, par contre, souvenez-vous en, la douleur *est*, elle subsiste, elle est intense, sa substance est profonde, épaisse et nous heurte à chaque instant.

Et, maintenant, philosophes qu'allez vous faire? Irez-vous dans l'éternelle disette de la félicité, ici-bas, établir un maximum d'heur? une moyenne proportionnelle de jouissance possible?! — — La félicité à l'état de mélange?! — —

O ironique mélange d'un point avec l'Infini! Mais, puisque l'Heur n'est qu'un instant que l'instant suivant souffle, chasse, éteint, et que le Tourment est éternel! — — Mais, puisque la félicité n'est qu'un humide rayon, sous lequel, rarement le leviathan de votre être peut venir se chauffer, tandis qu'il est condamné à plonger éternellement au fond des amères vagues! — — sa vie quotidienne faite de fiel; un fiel auquel ses poumons et ses entrailles se sont habitués, hélas!

Et vous qui, du haut de votre chaire, affirmez qu'*il ne faut nullement être heureux pour vivre...* Prenez garde, vous ne le dites que parce que vous voulez l'être en ne le cherchant pas et, vous prouvez ainsi, une fois de plus, que l'heur est une nécessité — mais — qu'il n'existe pas hélas! ici-bas — —

ICI-BAS! — — car, AILLEURS — le poëte l'a senti: „Ce n'est point un vain rêve flatteur dans l'es-„prit des sots; car, dans l'âme quelque chose nous „dit que nous sommes nés pour une meilleure des-„tinée!"

Eh bien, oui, tout notre être, à nous tous, nous dit constamment qu'il est, qu'il existe réellement, quelque part, des mondes plus lumineux que le nôtre. Oui! il est certainement cet Heur que nous cherchons vainement ici; il est quelque part. Car, on ne désire pas ce qu'on n'a pas connu — — — Or, ce qu'on a connu, vaguement, ici, ne peut-être que la fraction d'un Tout dans l'Infini.

Car, nous ne sommes pas autochtones d'Ici, depuis toujours, depuis l'éternité, puisqu'il y a mouvement continuel — Or, nous étions quelque part ailleurs, avant que de venir ici et, quoi qu'il en fut nous ne nous contentons pas de nos conditions actuelles, ce qui prouve que nous avons quelques vagues souvenances des conditions meilleures — puisque notre esprit ne juge que par comparaison et puisque chaque atome de nous est pris dans l'Immensité — —

Oui! quelque part la Félicité, la pure Félicité existe; mais, hélas, ici — — la Misère sans mélange, mais, seulement graduée, atténuée — est une cruelle vérité! une horrible évidence!

Or, en voulez-vous une dernière conviction? — Eh bien, montrez-moi un homme qui eût été heureux durant une pleine moitié de sa vie et dont les dernières années seulement fussent atteintes d'affliction: je chercherais vainement sur son front quelques vestiges des jours meilleurs — — En vain!

L'astre rayonnant de la fortune en a, à tout jamais disparu, sans même y laisser la moindre trace de son passage. Or, connaissez-vous quelques sillons radieux déposés sur notre extérieur par un bien-être qui était? Cherchez dans les ombres qui se dessinent sur son front maintenant... et dites moi si vous y découvrez quelque part les belles couleurs d'un arc-en-ciel des jours passés? Non! le bonheur n'a rien écrit sur nous, puisqu'il n'était pas lui-même, puisque ce n'était que sa vapeur! Or, le reflet de la lumière peut éblouir... mais, il ne chauffe pas!...; tandis que vous remarquerez de suite, toujours ineffaçables les rides, les noirs sillons de l'Abime, labourés sur le front d'une homme actuellement „heureux", mais qui a souffert autrefois...

Ah! nos savants nous le disent bien: „Nous pouvons voir les globes de nos nuits en plein jour."... Mais, peuvent-ils voir également l'astre de nos jours pendant la nuit?

Eh! tenez, encore une dernière preuve de l'existence constante de la misère: Que d'hommes avez-vous vus — et, c'est la règle générale, — être précipités du haut du sommet de la „Fortune" dans le plus profond précipice et... s'y soutenir... supporter... se faire à la souffrance, tout d'un coup, comme certains animaux submergés par de grand déluges se sont habitués brusquement à vivre dans l'eau... tandis qu'il n'est pas rare de voir des gens surpris par le bonheur, par ce qu'il croient le bonheur... ne pas savoir le supporter!... Pourquoi cela?! — C'est que dans notre „heur" et la misère est... le passage est facile... un petit pas... un petit effort et le pont des moindres ténèbres vers de plus grandes ténèbres est jeté!...; pendant que, dans l'autre cas, nous croyons avoir retrouvé l'Eden perdu, alors même que ce n'est qu'un misérable site, de quelques degrés plus doux que la noire forteresse dont nous sortons... Alors... il advient que l'esprit prend trop violemment des ailes... tel le ballon trop puissanmment secoué avec un lest trop faible — — les cordes se rompent! — — adieu le ballon! Le lest — — le bon sens qui nous dit de ne pas trop espérer — de ne pas trop croire à *cela* — — de ne pas trop brusquement nous y précipiter — — pas trop nous exalter dans le rêve — — que les songes, ici, ne se réaliseront pas, qu'ils, ne peuvent pas se réaliser, ici! Oh, pauvres nous! ce bon sens est la seule philosophie vraie qui nous sert, à laquelle nous sommes astreints! Lui, par intuition a compris, a deviné la tristesse de l'état: notre vaisseau qui va entre d'incessants écueils — — le bonheur ne nous guette pas à chaque instant, mais le malheur, par contre, nous épie constamment. O vanité de la sagesse! elle ne nous est donc commandée que parce que la situation est éternellement critique — — dans un bonheur parfait, elle serait inutile! — — Mais, nous ne l'avons pas ,le bonheur, nous n'avons que la parfaite misère et, malheur à celui qui n'écouterait pas les conseils du bon sens! Car, il arriverait alors que l'esprit suivrait une direction — — croyant déjà, trop tôt, d'aborder — — tandis que le reste de l'être n'y est point — — d'où les conséquences funestes.

Mais que nous prouve-t-il donc, lui aussi — — notre bon sens conseiller de la sagesse? — — que nous montre-elle donc cette lanterne de notre vie intérieure? — — Rien que la vaste misère! pas autre chose que la profonde nuit autour de nous et, à travers laquelle elle nous guide — —

Non, ne parlez pas de mélange dans la vie! car, vous ne sauriez jamais expliquer l'inégalité de puissance des deux éléments autrement que par une inégalité dans leurs existences: l'une réelle, la misère réelle — — l'autre — — fictive! — — Sans cela quels rapports y aurait-il entre elles, si ce n'est celui de l'objet à son ombre: le nuancement dans l'Infortune, voici notre fortune!

Oui! l'Infortune existe! la misère règne d'un pouvoir obsolu! Oui! notre heur n'est que le radoucissement dans la souffrance, le relâchement dans la douleur — — Oui! notre liberté n'est qu'une trève momentanée dans la tyrannie! Notre lumière — — l'éclaircissement graduel, mais jusqu'à une borne fixe, dans les ténèbres! — —

Non! autrement vous n'expliqueriez jamais un sans-fin de jouissance qui s'envole sans vestige tandis qu'un instant de douleur s'ingrave déjà, s'incruste profondément dans notre être comme cette marque de damnation sur le front de Caïn — —

Du moins, si nous n'avions jamais eu conception ni imagination d'un autre état de choses! — — O cruel Régisseur! tu as voulu, semble-t-il, aggraver notre supplice, en laissant subsister en nous le souvenir — les images d'un ordre de vie supérieur! — — O sages incrédules! bon gré, mal gré, vous croyez, vous sentez: il y a un Paradis perdu! il y a une damnation eternelle! — — — — — — — —

Mais, pourquoi? pourqui? o Destinée implacable! pourquoi?! Quel Esprit hostile nous poursuit?! Pourpuoi sommes-nous ici? Quel est notre méfait? Pourquoi souffrons-nous? nous, qui concevons l'heur?!

Hélas! tel est notre double supplice! tel dans la mythologie est dépeint un être qui, avec une soif dévorante eut encore à subir la vue d'une source limpide — — devant ses livres sèche — — sans pouvoir y toucher! — —

O féroce Bourreau qui trônes! de quoi nous punis-tu? pourquoi souffrons-nous? de quoi donc sommes-nous coupables?! Le sommes-nous?! — — ou, est-ce ton Esprit avide de tourmenter?!

...? — ? — ?...

———•◦•———

## CHAPITRE II.

### Résigné.

Telles sont les conditions dans lesquelles vit notre infortuné Prisonnier, tels sont ses supplices, telles ses tortures — —

Ainsi, vous le voyez, là-bas, sur son Ile, au comble du désespoir, anéanti, défait, brisé après avoir été tout à coup expatrié, violemment emporté de son foyer cruellement arraché à sa famille, dépouillé de toute distinction primitive, couvert de fange, à jamais privé de tout espoir réel — — et, jeté là, sur cette arène où, tout autour de lui, sans défense, est tigre qui le guette, est hyène qui aiguise les dents — — mille périls dans la nature de son existence, prêts à fondre sur lui — — A lui, pauvre Nu — — de se défendre, s'il y tient! — — — — — — — — — —
— — — — — — — — — — — — — — — —
— — — — — — — — — — — — — — — —

Or, ses souffrances sont d'autant plus indicibles, d'autant plus innommables qu'il n'est pas un être vulgaire — — ce n'est pas un commun, lui ! — — et, qu'il n'a pas été façonné pour sa nouvelle, sa soudaine destinée ! qu'il n'a pas été éduqué pour l'isolément — — d'une vie cellulaire, lui dont la carrière était le grand mouvement, en vaste plein air — — sur un immense champ de commandement ! — — Son esprit n'a certainement pas été pétri pour plonger impuissamment, vainement dans les ténèbres des quatres murs épais — — mais pour percer l'horizon — — sous un infini firmament d'azur et d'éther, ensoleillé ou étoilé ! — — Son intélligence est celle des conquêtes — — et non celle d'un misérable forçat !

Ah ! avoir été près d'atteindre le sommet et être précipité dans le gouffre ! avoir traversé la mer et se noyer au port ! avoir été chef, avoir ambitionné la plus haute distinction qui ne tardait peut-être pas, de venir et, être le plus indignément dégradé et mis au fers ! — — est-il quelque chose de plus atroce ?! Ah ! c'est que naguère encore devant lui s'ouvrait une vaste carrière ! sa perspective était en haut — en haut ! et non cette noire tombe sur laquelle il a maintenant fixement attachés ses regards — — et non point ce precipice béant qu'il voit fatalement ouvert, à ses pieds ! — —

Dieu ! pourquoi nous as tu créés pour de grandes souffrances, en même temps que tu nous as rendus impuissants, trop muets pour les exqrimer ! Est-ce de peur que nos plaintes n'arrivent trop près de ton Trône ! or c'est encore là que nous voyons ta tyrannie — — Non ! jamais ! jamais on ne saurait ! dire ce que le désastreux a souffert, ce qu'il agonisait, ce qu'il souffre et ce qu'il agonise, si l'on n'a pas son âme — — si l'on ne vit pas de sa vie... si l'on ne souffre pas de ses souffrances!

O impuissants génies! ô sèches jérémiades! pour les bien peindre et pour le bien pleurer lui, ah! défaites! défaites les cercles des années! déroulez les globes des mois! débandez les jours et les nuits, ouvrez les, étendez-les en une vaste zone de minutes; marquez y en rouge les globules sanguins qui crèvent — — les scondes dont chacune était une éternité de supplice pour le malheureux prisonnier et, vous en aurez une idée et, vous saurez exprimer les douleurs, plaindre l'infortune!

Evoquez le souvenir des Tartares, appelez Néron, rendez présents les Carthaginois, apostrophez le *Saint-office*, interpellez les tyrans de toutes les époques et dites leur: Huns, terribles Huns, vous attachiez vos victimes à la queue de vos légers chevaux qui galopaient à travers monts et vaux — — raffinés Carthaginois, vous avez fait rouler la chair humaine dans un tonneau muni d'aiguilles bien pointues, à l'intérieur! — — génies des tortures, dignes disciples de Loyola, vous, qui avez donné sur terre une idée de l'enfer! — — grand incendieur de Rome, toi qui a su brûler les martyrs dans des sacs humides, pour prolonger l'agonie! — — grands bourreaux farouches dont l'oscillation du sceptre prononçait le genre de supplice auquel vous destiniez ceux qui vous ont déplu! — — Apprenez qu'il y a de plus grands Tartares, qui savent faire endurer de plus grands écartelément, se donner la fête des plus monstrueux rouages! Sachez qu'il y a un esprit plus Néron que vous! Il existe un roulage dans un tonneau plus garni de ces aiguilles-là — — aux pointes plus pénétrantes — —, plus innombrables, ces aiguilles! — — Hélas! il y a un loyolisme plus instruit, plus sagace, avec un système de torture plus varié, mieux étudié! — Tyrans, vous-avez des maîtres, on vous surpasse! —

— — — — — — — — — — — —

Ah! s'il pouvait, un jour être libéré — — s'il retrouve la parole — — même s'il ne fait que bégayer ses longs maux! — — se trouverait-il des âmes assez puissantes, assez profondes pour pouvoir les recueillir sans trop vite déborder! — — y aurait-il des rochers assez résistants, assez éternels sur lesquels on pût les graver pour les conserver au dela de tout bouleversement de mondes, pour qu'ils rétentissent, à travers les époques de tous les univers passés, présents et futurs, comme la plus grande élégie qui fut jamais entonnée par un cœur en souffrances!?!? — —

De grâce! ne m'accusez pas d'exalter! c'est votre langage, humains! c'est votre langage à vous tous qui souffrez! c'est l'idiome de vos douleurs à vous tous, que je parle ici! — —

Entendez vos âmes quand elles sont en but aux malheurs et vous me direz si, là-bas, les notes ne résonnent pas plus puissamment — — si j'ai pu compter tous les pleurs, rendre tous les cris, rappeler tous les gémissements! — — Ah! c'est que les laves, les flammes, c'est que tout ce qui compose l'être du volcan, tout ce qui le dévore, le bouleverse, tout ce qui déchire les entrailles du globe, qui fait trembler son écorce, c'est que tous les tourbillons de feu, toutes les matières embrasées, toute cette âme ardente cachée, qui doit causer de si terribles explosions, produire de si violentes irruptions, n'a qu'un sourd roulement pour s'exprimer! n'a qu'un faible cratère — pour se faire jour! — — Des „ah!" des „oh!" et des „hélas!" voilà tout ce qui nous a été donné comme échos de nos douleurs les plus intenses — — — Ames vraies! âmes sensibles, cœurs aux grands souffles, étendez le pouvoir de votre imagination! aspirez longuement, profondément tous ses cris d'agonie, attirez puissamment ses soupirs jusqu'à vos oreilles, et vous verrez que ce sont là ses plaintes de chaque instant, que ce sont là les mille pensées douloureuses qui agitent son esprit, que ce sont là les amertumes qu'exhale son souffle, à chaque moment!

\* \* \*

Grandes âmes, ouvrez-vous à la complainte! Bons humains faites déborder vos yeux de larmes! Pleurez, pleurez le Désastre! Plaignez, plaignez l'Etre infortuné! c'est là votre sort — — Or la complainte est la seule Divinité qui vous exauce; car, est-il donc quelqu'un en dehors de vous qui vous écoute? votre seule consolation n'est-elle pas de communément compatir à vos souffrances?! — — Hélas, chacun de vous doit passer par la porte noire! qui de vous est déjà entré dans le sombre couloir, qui le longe déjà! qui y entrera bientôt et, qui est sur le seuil! — — Vos ressources sont donc en vous-mêmes, votre Déesse, votre compassion mutuelle; adresser donc vos prières à vous-mêmes, à ce qu'il y a d'élite de vous-mêmes — — puisque Dieu n'est pas bon, — — qu'il n'a pas d'âme et — — qu'il est complice des crimes !!! — —

Ah! pâlissez petits gens, frémissez minuscules mondes! épouvantez-vous faibles cœurs à ce blasphèm! Constituez vos jurys, théologiens de métier! — — traduisez-moi devant vos tribunes! Mais faites-y aussi comparaître votre Dieu, comme jadis un Nazaréen a comparu devant Pilates. — Et, je l'y accuserai hautement devant vous et devant les mondes! Et, j'y citerai ses méfaits..... et, j'en multiplierai les preuves!

Ah! humbles cerveaux, vous perdez la raison! vous-vous précipitez, la fureur s'est emparée de vos esprits! vous me pressez — — soit! je serai bref! soit, „une preuve"! „une preuve"! „une, seulement"! soit! mais elle sera cruelle!

D'abord préparez-vous, pour quand le rouge rideau se lèvera, vos regards ne soient pas troublés et que vos yeux ne clignottent pas! — —

Durcissez vos cœurs à supporter la vue des spectacles les plus sinistres! Trempez d'abord vos âmes dans les panoramas des crimes de toute horreur, afin de ne pas défaillir au dernier moment! — — —

Minuit!
    pas une étoile...
        Une main invisible
Vient d'éteindre ces feux qui brillaient çà et là:
Epars, et sommeillant chaque astre défila
Sur la voie émaillée, un court instant paisible —
— — — — — LUI... d'un regard distrait
Vint inspecter le globe aux brumes éternelles — -
    Bientôt fut le tetrait:
Les cieux ordonnaient: „Levez les sentinelles!"

   \*  \*  \*

Epars et sommeillant chaque astre défila
Pour s'engouffrer au fond des Enclos éthériques.
Un globe appelle un globe en des Halls porphyriques;
Encor de temps en temps une voix appela
„O globes saphiriques!"
„Rentrez les astres tous, le Disque-émail en tête!
„Retirez vos flambeaux!
„La paix règne aux tombeaux!
„Sur terre le sommeil! aux enfers la tempête!

— — — — — — — —

„Retirez vos flambeaux!"

\* \* \*

Un globe appelle un globe en les Halls porphyriques
Ils s'en vont... —

— — — — — — — —

. . . Seules les plus épaisses ténèbres du gouffre enveloppent la terre; seul le plus profond silence sépulcral parle dans l'univers —.

Il semble que les mondes s'en sont allés habiter d'autres mondes, il paraît que l'univers n'est plus peuplé de vie; ils ont fui, elles globes, ils ont fui les ténèbres grossissantes, comme les hirondelles fuient la bise qui approche.

. . . Et, tandis que vous dormez vos petits rêves polissons et, tandis que vos petits travaux de néant, ou même vos petites passions d'êtres déclinants, tandis que vos petites rancunes vous dérobent le sommeil, il est sur la face du globe et au milieu des ombres, une âme qui rêve un monde de Justice.

. . . En vain! . . .

Maintenant, un moment, elle est béate, elle a passé son premier purgatoire. . . . Maintenant, le Martyr attache ses yeux calmes, fixément, sans crainte sur LUI, le Créateur. . . . Mais LUI ferme les siens, il ne peut supporter l'éclat de ces yeux de reproches. Alors les regards icriminateurs se baissent à leur tour, mais avec mépris. . . . Tout à coup ils se mouillent de larmes:

On entend: „Non, ce n'est pas toi, le petit Dieu des hommes . . . toi . . . tu n'es fait qu'à leur faible image. . . . Mais, il doit exister un INFINI que l'Etre infini seul conçoit; la raison humaine n'étant pas parfaite ne saurait imaginer un Etre-Parfait, c'est donc à TOI le DIEU de l'Eternel, à TOI le DIEU que seul Dieu conçoit, à Toi le plus grand CRÉATEUR des plus grands Infinis créés, que je m'adresse et non à celui des petites intelligences. Non à celui du génie humain, mais à CELUI du génie divin; non à celui qui complète les qualités des mortels, mais à CELUI qui a les qualités qui manquent à l'Eternel.

— — — — — — — — — — — — —

Tout à coup l'homme est à genoux. On voit une immense colonne de blanches vapeurs fournies par un souffle humain monter de la terre jusqu'au zénith, suivie des flammes d'un cœur qui se consume. Mille carillons de lugubre plaintes retentissent. Les voix des larmes s'y mêlent aux voix des cris aigus de douleur.

Il prie:

„O Toi la plus grande Ame qui règnes! Toi qui „ne peux être que toute-bonne, que toute parfaite, „que toute compatissante, que toute puissante, . . . „pourquoi permets-tu que je souffre? Ou bien, es Tu „hors d'état d'empêcher les souffrances? —

„Ou bien, selon Toi elles n'existent pas! —

„Mais je suis une existence faible, et ne saurais
„ne pas souffrir, et ne saurais, hélas! souffrir....
„Dieu parfait sois clément, aie pitié de moi! de ma
„faiblesse, Dieu de la Justice! Grand Eternel de l'ab-
„solue Vérité, protège mon être qui est sans crime,
„n'es-ce pas Toi qui l'a fait tel?! O Esprit que les
„esprits n'atteignent pas, Toi qui es la perfection,
„comment as-tu pu former des êtres débiles?! Le
„Génie crée-t-il donc des œuvres chétives? N'es-ce
„pas Toi qui as fait cette âme trop faible et cette
„douleur trop puissante? Où donc est la marque de
„ta main omnipotente, où est la force de ta grande
„harmonie? Que deviendrait le sable si l'onde pouvait
„un jour franchir sa digue? Pourquoi la douleur dé-
„borde-elle mon âme! Ou bien, de tout ce que ton
„Esprit a fait naître, suis-je la seule création avortée?...

„Dieu, je t'implore, aie pitié! Dieu clément, mi-
„séricorde!

„Dieu! grâce! grâce! miséricorde!!!"

Hélas! le mal augmente, la douleur se multiplie, le poison s'aiguise, la blanche vapeur du souffle lamentatif se dissippe, la voix étouffe, les ténèbres s'épaississent, l'homme sombre dans la Résignation!...

DIEU... LUI, resta sourd!...

Pauvre homme, il s'est trompé, c'était le même Dieu, celui dans lequel l'esprit humain ne pénètre pas, mais que Moïse a vu de dos — et que vous ne voyez que de bas, théologiens, mais que lui, le malheureux qui souffre... a vu de front....

C'est le même Dieu... Je l'accuse!

Or, vainement, l'homme a fait appel à cet Etre, vainement il l'implorait! Dieu resta sourd!

Théologiens, votre Dieu est un Dieu implacable, il est complice, il est pair des satans dont il préside les conseils!... Je l'accuse!

* * *

... Ainsi, hélas! ne pouvant pénétrer ni la cause de l'horrible *Huis-Clos*, ni le noir mystère de sa condamnation, vous voyez l'infortuné se tordre les mains, s'arracher les cheveux, se mortifier, se torturer lui-même, comme s'il eût voulu guérir son mal en l'augmentant, ou bien, comme s'il eût voulu montrer à l'Esprit ennemi que s'il a la puissance du mal, il n'a pas celle du néant volontaire chez la victime, de l'auto-anéantissement qu'il ne saurait empêcher, lui le Tout-Méchant!... comme s'il eût voulu éprouver ses forces, pour voir jusqu'à quel degré il peut atteindre par lui-même dans le néant, dans la voie de la destruction... comme s'il eût voulu frapper Dieu, en se frappant lui-même, l'œuvre divine!...

— — — — — — — — —

Eh bien, il n'aura pas trop cette puissance, pas facilement, cette satisfaction!...

Ah! quand l'infinie Araignée de l'incommensurable Toile aura déjà sucé tout le sang, épuisé toute la sève de la chétive proie... alors, oui! libre à elle, la pauvre, de tomber... d'elle-même.... Mais, tant qu'elle ne sera pas extirpée, sans sang et sans instinct ... elle ne le fera pas, elle n'aura pas le pouvoir du libre anéantissement, sans profit pour la grande Guetteuse de l'éternel Guet-Apens....

* * *

Pauvre! pauvre capitaine! Ainsi vous le verrez passer de la révolte aux soupirs, des soupirs aux sanglots.... et, enfin, se résigner, prendre patience.... Puis, hélas! de nouveau, stérilement penser, inutilement réfléchir, évoquer les images de sa mémoire... sans résultat! Il ne pénétrera pas la cause du grand crime commis sur son existence!

De nouveau il interroge, mais toujours le même silence du gouffre! Personne ne répondra!...

Tout à coup, effrayé de l'universel mutisme et... de lui-même... comme si une partie de l'ennemi était en lui-même. — La crainte ne de pas se mourir de douleur et d'ennui le pousse à s'étourdir par l'occupation, de s'abrutir par l'ivresse du travail....

Il comprend qu'il faut — pour échapper lui-même d'abord, une distraction à son esprit, un divertissement à son âme.... Le voici retombé à l'état de nourrisson qu'un joujou peut calmer, qu'un bercement peut endormir!...

Alors, il s'empare du premier objet trouvé; un tableau noir, soit! De la craie, encore! parfait! Maintenant il y griffonnera, sur ce tableau noir... avec de la craie... cela ne dure pas... cela s'éfface... qu'importe! Il tachera de conserver les choses, autant qu'il en aurait besoin. Que va-t-il écrire? — N'importe, pourvu que l'âme se calme, pourvu que l'esprit s'endorme... et, puis... le temps aide à faire des découvertes... de nouvelles distractions entraînantes ... sans cela, voyez-vous, la pauvre mouche... sans ces mille et mille filets... des mille cercles... ne s'aventurerait pas trop dans la toile... échapperait à l'araignée qui guette, au fond... invisible!...

Donc, il écrira son histoire... ses rêves... ses angoisses... ses larmes... ses espérances... la vanité des ambitions.... Pour qui écrira-t-il? Qu'en sait-il? — Pour lui-même — est-il un autre que lui-même sur cette Ile, qui s'intéresse à lui?... Du reste, un jour... il le sent, ses larmes seront taries, son cerveau sera consumé de toutes ces ardentes pensées; son cœur ayant trop bou... sera évaporé de l'océan des sentiments qui s'y agitaient. Alors, il s'en ressentira, il en sera las et... il ne désirera plus que le repos.... Or, hélas! pour comble de malédiction, ce repos même finira par le fatiguer à son tour et, redevenu enfant qui naît... il devra recommencer son histoire, son existence inquiète, il devra apprendre de nouveau à souffrir dans les maux oubliés et il se mettra à épeler... dans ses propres tourments....
Ce jour, ce lui sera un plaisir... de se relire, de se revivre, de se ressouffrir....

Pourtant, cet exercice, lui aussi, prendra bientôt fin, il s'en lassera également; alors son esprit inventera autre chose... une législation des chiffres...; c'est long, c'est pénible, c'est infini... Eh bien, il opérera dans les chiffres et, le voici qui s'amuse à faire des équations algébriques..... un petit écolier...

Ainsi il partagera son temps... en s'abrutissant entre l'algèbre et l'histoire; mais, soyez certain qu'il n'apprendra jamais plus qu'il n'a su jadis...

Des chiffres et des lettres, il passera à la rêverie... Il y trouvera des moments doux et, comme le sucre brûlé épand un douçâtre parfum, il y trouvera une douce fumée..., le rêve qui lui consume le cerveau éclora en un poëme... qu'il écrira également sur le tableau noir... Ensuite, il philosophera sur tout ce qu'il se rappelle et surtout ce qu'il voit là, devant ses yeux... Mais, il ne se rappelle que vaguement, mais il ne voit les choses que sous un jour de prison... n'importe, il philosophera et fixera des lois aux choses... Car, au fond, ce qu'il ne se dit plus, c'est que le jour où il lui serait donné de sortir de sa case, il brûlerait certainement toute cette planche noire, avec toute sa philosophie, sa fumée de poésies, ses chiffres et ses lettres... Mais, pour le moment, la plus grande philosophie est de ne pas se mourir d'ennuis... Il occupe donc son temps, heureux que ses geôliers lui aient encore laissé quelques mètres carrés d'espace autour de sa prison et que, mais rarement.... on lui permette de faire le grand pas... une excursion autour de son ilot... N'ayez pas peur, allez! quels que fussent les désirs du pri- prisonnier de s'évader... il ne franchira jamais les limites qui lui ont été assignées..., car, il est bien gardé, l'ilot! et malheur au prisonnier s'il essayait jamais d'aller quelques mètres au delà!...

Puis, vous le verrez successivement s'adonner à la culture d'un jardinet, à la construction d'une maisonnette, à laquelle il donnera une architecture autre que celle de sa prison..... Enfin, il embellira son *Ile*..., bientôt il sera content de tout et, surtout, de lui-même... Car, s'étant depuis longtemps déjà habitué dans son séjour isolé, à ne voir que lui... à ne parler qu'à lui... il a fini par se prendre pour le plus grand objet, dans tout ce qui l'entoure... pensez donc si, un jour, il sortira infirme de cet isolément!

Heureusement ou, malheureusement, ce contentement, cet heur, provenant d'un abrutissement volontaire en même temps que forcé ... ne dure pas longtemps et, il suffit souvent d'un soudain rayon de soleil lui rappelant un rayon de soleil ... d'un point d'azur sur le ciel, lui rappelant un ciel tout azur ..., d'une hirondelle qui passe rapidement, pour lui rappeler un printemps passé et ... le voici de nouveau retombé dans son premier désespoir, dans ses précédentes angoisses; le voilà de nouveau réveillé ..... désespéré, se lamentant, interrogeant, maudissant ... blasphêmant ... en vain!

Il se souvient de nouveau de ces scènes ....., un peu moins clairement ... mais encore toutes colorées de mille tons sombres ..... Encore une fois l'image d'une vie toute-lumière se présente devant lui ... Encore une fois il refait ses mille conjectures sur les véritables causes de son séjour ici, du *Huis-Clos*, là-bas ... et, sur sa condamnation ...

— „Quoi! finirai-je donc ainsi ... Ici?! ... Non! il est impossible, quelque chose en moi me le dit, il est impossible que je demeure toute ma vie dans ce misérable ilot! ... loin de ... en effet, il me semble que j'ai laissé quelque part une famille ... des êtres chéris ... des sublimes anges qui ne peuvent m'oublier ..., car je suis des leurs, d'eux, à eux! ..... Oui! oui, il me semble que j'étais si heureux, jadis, si plein de rêves et d'ambitions! — Pourquoi suis-je ici?:?"

Or, de nouveau, il lui semble entendre un chœur de courrouceux échos lui crier à travers les épais murs ... „C'est que tu es un traître, un criminel, un lâche!" ...

Il s'effraie un instant, courbe la tête de nouveau, mais, soudain révolté, il s'écrie en poussant un profond soupir : „Toujours la même chose!" éternellement les mêmes reproches! Cependant, je ne me souviens pas avoir été criminel ... Quand? — où? — ? — Ah! pourquoi m'a-t-on laissé arriver jusqu'à ce rang pour me dégrader ..., pour m'exécrer. pour me couvrir de boue, pour me précipiter dans l'abîme? — est-ce pour que la chute soit plus grande? O vous esprits ennemis de mon sang, hostiles à ma Race, pourquoi, un jour, avez-vous proclamé mon sang égal à votre essence, ma Race équivalente à votre substance? Ah! il faut bien que vous ne l'ayez fait que parce que vous l'aviez crue inférieure et que vous ayez cru pouvoir la dévorer facilement — — Mais, l'ayant tout-à-coup découverte bien supérieure à la substance qui vous compose, vous en êtes devenus jaloux, vous la haïssez et la persécutez, parce que vous la redoutez ; parce qu'étant des esprits vils vous vous voyez l'impossibilité pour vous de vous élever jusqu'à ses hauteurs sublimes! — —

Oh! Esprit-bourreau qui siége là-bas ... dans le *Huis-Clos*, je te conçois, à présent! l'égouttement de mon sang te procure des délices d'autant plus grandes que ce sang n'est pas vulgaire! ..... tu choisis tes holocaustes, comme le Dieu des Sacrifices! — —

Ah! pourquoi ne suis-je pas l'une de ces basses créatures, nées et destinées à la vie de brute!! : —

— „Eh bien, en effet, songe-y, entend-il lui dire
„des échos amis; songe-y effectivement! — — il y a
„de plus misérables que toi — — précisément, ces

„brutes — — ces galériens, ces forçats condamnés „aux travaux des bêtes de somme à perpétuité!" Vois, ces créatures ne se plaignent point; tout au contraire, elles semblent se bien complaire ici, et trouver douce cette vie; elles se sentent chez elles — — beaucoup d'entre elles ont commis toute sorte de crimes pour mériter cette place ... leur véritable place; ce lieu de déportation, n'est-ce pas l'empyrée des bas êtres, après leur vie de crime; n'est-ce pas leur vie posthume, rêvée?? Ce n'est pas qu'elles ignorent qu'il existe d'autres mondes supérieures; mais, se sentant l'impossibilité d'y parvenir, elles y renoncent et s'accommodent de leur état — — bien que leur sort ne soit pas enviable. „Elles sont donc, ces créatures „méprisables, bien plus philosophes que toi, puis-„qu'elles ont su en prendre leur partie — dans cette „existence et, que toi-même, être supérieur, tu arrives „à le leur envier — — Abrutis-toi!" —

Mais, il répond: Comment le puis-je? hélas! mon estomac n'est pas fait pour leur nourriture; mes muscles ne sauraient exécuter leurs travaux — mes pensées ne sauraient se borner à de petits besoins. Hélas! et encore moins pourrais-je me mêler à leur société — l'instinct — la haine de race existe ici plus puissante que nulle part, c'en est même la source ici — dans ces créatures! Or, elles devineront bien vite, malgré tout déguisement, en dépit de toute assimilation — que je ne suis pas de leurs! — qu'il y a en moi quelque chose d'autre — que je ne suis pas autochtone ici et — — que je n'ai pas bien mérité comme eux — la majorité des habitants ... ce *paradis* — leur *paradis*! Que je n'y suis qu'un malheureux parvenu involontaire … enfin un être inférieur à eux, les perpétuels autochtones d'ici! Non, je ne le puis! je ne le puis! ces créatures ne me comprendront point, ni les comprendrais-je moi! ma langue trop riche, les importunerait, mes pensées trop agitées, demandant la liberté, la liberté! car je le ferai, en dépit même de l'abrutissement! Je soupirerai sans cesse après la liberté … cela leur déplaira, à eux, ces forçats qui s'établissent définitivement ici et qui ne désirent plus que le calme et la paix … Beaucoup d'eux se sont construits ici de durables séjours — sont parvenus à certain pouvoir — règnent! … ce qu'ils n'auraient jamais pu faire ailleurs … surtout là-bas! …

— En ce cas applique-toi à les relever, à les rapprocher de toi. Ce serait là une belle tâche!

— Mais, précisément, je ne le puis … ces créatures sont autrement faites; elles ne le voudraient point et elles auraient raison — ce serait briser leurs êtres que de vouloir les façonner …

Le meilleur chimiste ne parviendra jamais à transformer la pierre en or et l'or en pierre … Et puis, ne faut-il pas des pierres comme on a besoin du métal précieux?

Ensuite — ces êtres, en supposant qu'ils pussent changer, au lieu de gagner en bonheur, par l'élargissement de leurs facultés, par l'énoblissement de leur essence, ne se verraient-ils pas, au contraire, élevés, tout a coup, au même degré de souffrance que moi?! …

Enfin, celui qui régit leur destinée comme la mienne, y a-t-il donc songé, lui à les relever? Au contraire, il multiplie leur nombre... on dirait qu'il ne peut être juste que parce que ces féroces de grossiers criminels existent — et, en face d'eux — il peut planer bien haut — bien haut — en prenant cette mer de boue pour niveau! — — On dirait qu'il n'est grand que par ces petits!...

Hélas! et pourtant, ces petits sont heureux. Ah! pourquoi ne suis-je pas comme eux?!! — —

Eh bien, quand même; en dépit même de cette possibilité, efforce-toi de t'assimiler! Vis comme eux, essaie de manger comme eux, de tout faire comme eux, du moins, si tu n'y parviens pas complétement, tu aurais amoindri de quelques degrés ta sensibilité et tes souffrances! C'est déjà quelque chose!...

Le prisonnier suit le conseil, il cherche à s'abrutir, à vivre comme ces forçats. Un moment, il se calme, un instant il croit diminuer ses maux, hélas! rien qu'un moment! — puis, il ne tarde pas de retomber dans les angoisses d'auparavant. Non, décidément, il est condamné au plus grand supplice! il n'en sortira pas! il doit souffrir, souffrir, souffrir, évaporer tout son être sur le brasier de la souffrance. Ah! il a voulu s'abrutir! il a cru pouvoir tromper ses bourreaux, ses geôliers! — Non, inutile! il n'y parviendra pas. Il souffrira toute son âme.

Alors, il s'exaspère, alors il se lamente: Mon Dieu! mon Dieu! c'est vainement que j'ai essayé de suicider mes facultés et de tuer mon intélligence, mon âme est là — — et ne me tourmente que d'avantage. Non! ce n'est pas ma destinée, je ne saurais vivre longtemps ici!...

Alors, d'autres échos lui arrivent, plus pleins, plus harmonieux, plus embaûmants, plus chauds, plus énivrants et lui entonnent en chœur:

„Ne désespère point ô pauvre prisonnier! tu ne resteras pas longtemps dans ces conditions. . . . Un avenir meilleur t'attend, tu n'es ici que pour mériter de plus grands biens que tu n'en avais auparavant. Or, tu retourneras au foyer dont tu as été brusquement arraché; tu y reviendras avec plus de grandeur et plus de félicité. . . .

Encouragé, le malheureux captif, se patiente, endure tout et rêve un rêve doré: „Eh bien oui! j'y „reviendrai, des amis me l'ont dit, . . . j'y reviendrai „. . . aux jouissances premières! Tâchons donc d'y „revenir conservé, le plus possible, pour être plus à „même de jouir de la future félicité promise, ne nous „affligeons pas outre mesure, en attendant . . . là-bas „. . au foyer . . . on en parlera! . . . j'en parlerai un „jour . . . je soupirerai . . . et j'en parlerai . . . je fré-„mirai d'horreur en m'en souvenant . . . mais, je serai „heureux d'avoir pu supporter et . . . d'avoir échappé „enfin! . . . Ah! je serai encore heureux, ces échos „me l'on dit, mon cœur me le dit! . . ."

En attendant, faisons quelque chose, conservons-nous; plantons ce jardinet . . . achevons cette maisonnette, algebrisons, philosophons, écrivons nos mémoires. . . . Passons le temps fermément, gaîment, irréprochablement; j'y reviedrai! . . . j'y reviendrai! . . .

Alors, il rêve la nuit qu'il a échappé . . . qu'il y est revenu avec pompes, sous un grand soleil doux . . . bienfaisant . . . que de milliers de têtes angéliques lui souriaient, que c'était de longues ovations . . . de frénétiques exclamations de joie, des applaudissements... des fêtes... une apothéose... et là, autour... l'adorable famille... la chère épouse toute heureuse... les enfants tous grandis! grandis! joyeux, comblés de bonheur à son retour....

— — — — — — — — —

Hélas! il s'en est réveillé.... Eh bien?... eh bien, il n'en était rien!... rien! la prison subsistait et lui... toujours sur son grabat, toujours enfermé dans l'*Ile* et dans les quatres murs....

Mais, des heures longues d'impatience ont suivi des heures d'inutile attente, des jours de supplice ont passé, des mois, d'incommensurables mois se sont écoulés, des années succédaient aux années et... l'espoir s'est évanoui comme ce rêve!

Un jour, assis à l'ombre d'un jeune arbrisseau qu'il avait planté, il fixait ses regards au point où le soleil culminait et semblait mesurer l'espace qui séparait ce point de l'endroit où il était assis et, il soupira péniblement:

— Quoi, se dit-il, l'espace est si vaste! si infini! ... Ah! malheur à moi si mes souffrances doivent avoir une étendue égale à celle-ci, et, si tout ce que j'ai subi jusqu'ici n'est que le commencement sur la voie du supplice!

Et cependant... ce rêve... ce rêve à lui seul n'est-ce pas un calvaire raffiné que les satans de nuit ont inventé pour mieux crucifier l'esprit d'un malheureux sans espoir, afin de le mieux enchaîner sous leur tyrannie, afin de l'encourager à se soumettre, à se prostituer aux souffrances... jusqu'au jour où sa route finie... le malheureux y trouvera, au bout...

non l'objet de ses espoirs, mais une noire tombe dont l'œil le guette depuis longtemps comme l'œil d'un serpent au bord d'un chemin!.. On veut s'arrêter... plutôt avoir la satisfaction de mourir par soi-même... en maître de soi même — eh bien, hélas! non!

— „Non! vous crient les satans, tu n'auras pas cette satisfaction!... elle est à nous.... C'est nous qui devons avoir la joie de t'anéantir par nos mains qui te répugnent!.... Eh bien tu marcheras!" Et tout-à-coup, il font briller une perle de l'autre côté du bord... une perle... celle qu'on a cherchée.... Et l'on avance, la perle attire... on fait le chemin jusqu'au bout ... Hélas! hélas!... — — — —

— „Eh bien, oui, alors! j'en finirai! je n'en serai pas dupe.... Des mensonges tout cela, oui, des mensonges! des mensonges! Dieu, tu as menti!... ou, plutôt, non, c'est vous les échos enchanteurs,.... c'est vous qui avez menti! Eh bien, non! je n'en serai pas dupe, j'en finirai ... en maître de moi-même...

Ainsi le voilà au point d'attenter à ses jours, cherchant la consolation, la fuite dans l'anéantissement...

Mais, en ce moment son rêve lui reparait... ce doux rêve... il s'en souvient tous les détails.... „Eh quoi, se demande-t-il soudain, serait-ce possible? ... ce rêve ne serait point vrai, serait une ironie? et, pourtant il m'était si doux... il m'a convenu... il m'a semblé naturel ... et pourtant, ce n'était là que ce que des échos amis m'ont toujours promis... et pourtant, ce rêve de nuit n'était que la reproduction exacte de mes rêves de jours ... quand je suis éveillé ... et que cela émane de certaines souvenances vraies ... il me semble ...

... Il me semble? ... — Que veut dire cela? — Je n'en suis donc pas certain?! ... De quoi suis-je certain? ... Mais, alors ... ai-je donc réellement rêvé? ou bien, cela m'a semblé ... j'ai eu une hallucination — j'ai rêvé que j'avais rêvé ... ???

Le rêve serait donc cela ... l'état „d'éveil", l'état „habituel" ... Alors, j'ai rêvé que j'étais quelque chose, quelque part, dans quelque foyer à moi! rêvé que j'en étais arraché! rêvé encore l'histoire de ce *Huis-Clos!* rêvé ces scènes! ... rêvé mon arrivée ici! rêvé alors cette horrible île ... cette affreuse prison! ..... rêvé! rêvé! rêvé! .... Je n'ai donc fait que rêver .... je n'ai donc pas de prison .... je ne suis donc pas sur une *Ile du Diable*, perdu dans un bout du monde. ...... Alors c'était un affreux cauchemar! ... je ne suis donc pas malheureux ... je suis donc chez moi ... dans ma maison ... là-bas! ... que dis-je, *là-bas* ... ici, je veux dire ... ici ... dans mon lieu natal ... ici, chez moi, dans ma maison ... dans mon lit ... je dors ... je rêve ... je m'en réveillerai bientôt ... et j'éclaterai de rire ... je me réveillerai comme de coûtume ... dans mon lit ... je raconterai à tout le monde ce cauchemar ... tout le monde en rira ... ma femme ... la première ... mes enfants en riront plein les poumons. .... Je ne suis donc pas plus à l'*Ile du Diable* que sur l'Ile de Jupiter ... puisque je suis chez moi. ...

Et pourtant, il me semble trop long pour un rêve
... ce rêve !

Qu'il est donc long ! Dieu ! qu'est-ce ? de tous les
rêves, de tous les songes, de tous les cauchemars que
j'ai eus, aucun ne se prolongeait pas tant.... Hélas !
qui sait ... peut-être, l'autre, était-ce un rêve ...
peut-être, n'ai-je jamais eu de foyer ... jamais de
famille ... jamais été heureux ... jamais eu de grades,
d'espérances, jamais connu la liberté ... jamais vu
un soleil bienfaisant.... Mais ... au contraire, j'ai
toujours été ici, je suis né ici ... comme ces brutes,
enfants de ces brutes ... j'ai toujours vécu ici ...
d'une famille qui était d'ici.... Qui sait si parmi ces
brutes, il n'y a de mes parents ... car, au fond, il y
a de certaines analogies, de certaines ressemblances ...

Ou bien ... mais, oui ! puisque j'ai dit que rien
n'est plus sûr que le rêve ... peut-être est-ce un rêve
cela aussi ... peut-être est-ce un rêve que je suis ...
Je ne suis peut-être pas ... je n'ai jamais été, rien
n'est, rien n'a jamais été, ces brutes ... cette prison
... cette ile ... ce soleil ... ces îles là-bas ... cet
océan ... ces étoiles, la nuit ... ce jardinet ... cette
maisonnette ... ce tableau noir, ces équations algébriques ... ces lamentations écrites ... tout cela ...
eh bien, tout cela n'existe pas, n'a jamais existé....

Hélas ! mais, avec tous cela je souffre !!!

———————————————

Oui ! je souffre quoi qu'il en fut de tout ce monde,
quoi que je fusse ou que je ne fusse pas : sang, nerfs,
chair, ou bien fumée, vapeur, rêves et même moins
que cela, même néant ou encore moins que ça, je
souffre ... j'étouffe ... je me souviens des souffrances

passées et en souffre encore ... je souffre actuellement des souffrances actuelles et je redoute des souffrances à l'avenir.... Quoi qu'elles fussent ces souffrances ... imaginaires, provenant d'une folie ou d'une hallucination momentanée, je souffre de ces souffrances imaginaires.... Oui, je sais que je souffre et j'en sais les causes, l'origine.. car, je sais ce qu'il manque pour que je ne souffre pas et, je sais également quelles sont pour moi les conséquences de ces souffrances, je les vois. Puis, il n'y a pas tant de suite, tant d'enchaînement dans un rêve; n'étant pas un acte de la pensée ... la logique y manque totalement dans l'ensemble comme dans les détails....

Or, ici, par malheur, il y a trop de suite, trop de logique.... Je souffre! je suis! la prison est et je suis sur l'Ile du Diable! —

Mais, d'autres échos amis se font entendre autour de lui: „Oui, tu es capitaine dégradés! Oui! tu es sur cette misérable Ile! ... Oui! tu es captif dans cette prison ... hélas! Mais, malheureux! tu te plains injustement de ton Ame, qui est encore de toutes les choses ce qu'il te reste de grand et de puissant, de noble, de toi-même. Or, il est pour toi un mal beaucoup plus funeste, la cause même, l'origine du moins, le grand, le premier complice, ici, de tous tes maux ... ta chair ... ta première chaîne, ta première prison ... la chaîne et la prison de ton âme; c'est là le traître qui t'a livré ... c'est là ton premier geôlier.... Or, sans elle, sans ta chair, ces épais murs n'auraient jamais eu prise sur toi; sans elle les fers n'auraient jamais pu te maintenir dans cet état.... Donc affranchis-toi! cherche à t'affranchir du faux toi-même, de cet affreux tonneau à aiguilles... qu'est ton corps et tu sera libre!..."

Le prisonnier suivra aussi et ce conseil, tout ce qui peut lui offrir un remède, tout ce qui peut lui donner le salut est bon, il le fera, il le cherchera. Le voilà qui défait les nœuds, qui détache les fils qui lient son être vrai à son être faux.... Ici aussi, un instant il se croit guéri. Encore un nœud ... un dernier lien à détacher. — Quand, soudain une formidable voix lui crie: Ah! fou! malheureux fou! que fais-tu là?! tu rejette le lest de ton ballon; mais le ballon s'envolera au diable! à la merci des vents et de l'océan! tu sombrera!... — Hélas! c'est vrai... il le voit. ...

Oui, il souffre double de l'âme, double de la chair ... hélas! oui! c'est à cause de ce corps qui le premier le tient enchaîné et le rend la proie de cette enceinte où il expie, innocent! Mais, l'âme... car, décidément c'est elle, c'est elle qui le fait endurer ... sans quoi il se contenterait!... Eh bien, l'âme c'est cette voile attachée au corps du bâtiment sur laquelle toutes les tempêtes s'abattent violemment et secouent le navire tout entier; peut-être .. sans doute aussi à cause du bâtiment.... Mais ... si l'on en détachait la voile ... que deviendrait tout l'équipage?!...

— — — — — — — — — — — —
— — — — — — — — — — — —

Or, d'autres chœurs lui entonnent ces mots: Non, reste ce que tu es, tel que tu es ... sois prisonnier, mais sois un prisonnier qui étonne et qui se venge!...

Sois l'Ironie, sois le Sarcasme de ceux qui t'ont condamné.... Sois grand! plus grand qu'eux! Or, tu es capitaine ... sois donc militaire ... supporte avec constance ... mais lutte! oui! sois le grand capitaine de l'*Ile du Diable,* lutte, avec les moyens que cette Ile et tes facultés t'offrent! Lutte! c'est ici un champ de bataille! Lutte acharnément, désespéramment! Lutte! Guerre! implacable guerre à tout ce qui t'environne! car tout ce qui t'environne t'est hostile. Lutte contre tout, tout est un obstacle pour toi! Lutte! guerre aux obstacles!!! — — — — — — —
— — — — — !!! — — — — — — —

Eh bien, oui! il luttera! il fera la guerre! Et vive la guerre donc! il fera la guerre! Non, il ne croit plus aux rêves! non! ces mondes solaires, cet univers de félicité, il n'y croit plus, il ne les cherche plus!.... Mais, voyez-vous, comme tous ces fleuves du monde et doux et amers s'éversent dans l'océan pour en faire une vaste nappe amère ... ainsi tous ses sentiments, tous ses rêves, toutes ses désillusions, toutes ses souffrances, ses espoirs, ses désespoirs, ses rages, ses indignations, tout cela s'est éversé dans un infini abîme qui s'est rempli et qui est devenu un océan de fiel qui gémit, qui gronde, qui menace et qui déjà jette un défi aux foudres du ciel!...

Oui! il luttera, par tous ses moyens: oui! il cultivera ce jardinet, il construira cette maisonnette, il fera des équations algébriques, il philosophera! mais non plus pour attendre, pour espérer.... Non! mais, pour s'adoucir l'existence d'abord, pour rendre son séjour plus supportable.... Puis ... on l'a condamné à l'inactivité ... eh bien! non! il ne sera pas inactif, il agira pour se fortifier ... et, plus il sera fortifié, plus il limitera la *Force Hostile*. ... Le voici bien résigné.

Pauvre capitaine! si c'est là ton bonheur!...

―――――――――――――――――

Soit! ... Enfin, nous l'y laissons....

## CHAPITRE III.

### C'est bien lui.

Ce prisonnier, vous le connaissez tous: il s'appelle *Homo*.

L'*Ile du Diable*, vous est connue, *Homo* l'habite, sans pouvoir en sortir; c'est notre Globe sans rivage auquel un terrible *Huis-Clos* de création nous a condamné sans que nul jusqu'ici ait pu pénétrer son mystère; les quatre murs ... notre raison bornée dont nous ne saurions que rarement franchir les limites.... Et, dans le tableau précédent vous avez vu, à peu près, toute l'histoire de la philosophie d'une histoire - la nôtre....

Oui! c'est bien lui, *Homo*, pauvre *Homo* qui depuis un infini de tourments s'agite vainement sur son Ile sans rivage ... dont nul nautonier du monde n'approche jamais ... excepté les agents du Gouvernement ... qui seuls entretiennent des communications avec l'Ile ... mais, sans jamais parler au prisonnier, sans jamais lui rien dévoiler ... sans lui sourire. Et cependant, il s'estime déjà assez heureux qu'ils ne se montrent pas plus sévères ... même de ce qu'ils se montrent ... ces froids, ces impassibles agents. ... Mais, il voudrait savoir... savoir quand-même! savoir... percer le voile dont ils se couvrent, dont on l'a couvert, dont tout autour de lui est couvert. ... Il voudrait pénétrer les mystères et, il se met à les étudier ... à travers sa grille ... à travers les ténèbres ... afin de surprendre un geste ... une attitude ... un changement d'attitude; il en déduira... conclura... conjectura. ... Heureux si, à travers les cloisons de l'Enceinte, il lui semble percevoir une parole, un mot, une syllabe ... il passera des journées entières, l'oreille collée contre ces murs et attendra, guettera, épiera, un bruit qui pût lui révéler la cause de son internément...

Comment y est-il venu? Quel sort l'a jeté au milieu de ce misérable archipel — — il n'en sait rien, il ne se le rappelle plus ... vaguement ... du moins ... mais, encore, en est-il sûr? Tout ce qu'il sait, tout ce qu'il lui semble savoir, c'est qu'il est un capitaine lui ... mais un capitaine emprisonné!... Oui, il lui suffit de jeter un regard autour de lui, de voir tout ce qui l'environne, d'examiner toutes ces brutes ... ses compagnons ... tous ces êtres, toutes ces fauves condamnées, ces misérables, à des travaux forcés à perpétuité ... eh bien, il lui suffit d'un regard, pour se convaincre qu'il est une intelligence, lui, *Homo,* mais une intélligence mise en prison ... dans une enceinte fortifiée, bornée par quatre épais murs ... ne pouvant en sortir que rarement et, encore! bien gardé, le pauvre *Homo* et, encore! la plupart de ses jours, ne pouvant voir le jour qu'à travers d'un grillage! —

Et cette misérable Ile ... eh bien, chaque fois qu'il tentait de la quitter, de s'en évader... de quelque côté que ce fut, il a aussitôt entendu la mort siffler à ses oreilles.... Ah! c'est qu'elle est bien gardée, l'*Ile du Diable!* C'est qu'on y a installé un filet maritime ... qui veille! ... et qui ne permet pas d'être franchi par le prisonnier!... Or, comme Flavius raconte qu'Alexardre le Macédonien, ayant voulu trop avancer aux Indes, entendit une voix qui lui criait: „O Alexandre! tu n'avancera pas ou tu mourras!"... de même, à Homo aussi on a assigné ses limites... et on lui a dit: „Jusqu'ici et, pas au-delà!" ...

Aussi, ce qu'il en souffre, le capitaine! Car, non! non! mille fois non! Homo n'est pas autochtone de cette *Ile* ... il n'est pas né ici, ni a-t-il été destiné, au début, à cette vie! Autrement, comment concevrait-il un Foyer autre, un séjour plus heureux? Où donc l'aurait-il vu? puisque rien de semblable n'existe sur l'Ile du Diable, avec quoi donc sa fantaisie — si ce n'était qu'une fantaisie — aurait-elle été construite? Construit-on un palais de marbre avec les débris des huttes en paille? Non! ce monde — son monde existe, existe bien réellement, autrement comment aurait-il un langage tout autre que celui des brutes qui l'entourent? comment aurait-il des pensées tout autres et, tenez ... pourquoi les faits et gestes de ces agents l'intéresseraient-ils tant? — Intéressent-ils donc les autres créatures ici?

Pourquoi ne se contenterait-il pas de ces conditions, de cette vie, de cette pâle lumière, qui le brûle plutôt qu'elle ne l'éclaire, de ces bises qui le glacent et le transissent, s'il n'avait jamais connu rien de meilleur — ces êtres-là, ne s'en accomodent que fort bien, eux?

Oui! il existe quelque part, au-delà de ces horizons... un monde de soleil et de jouissances élevés, où il est né, lui, où il a été façonné! oui! il en a la certitude, car, dans tout ce qu'il voit autour de lui, il ne constate point des choses aux natures exceptionnelles — à part lui, à part sa nature —. Ces brutes ont des ressemblances dans leurs actes, ces pierres ont des formes semblables, ces iles ont des rivages identiquement découpés; ces monts sont construits de la même façon; pour un soleil, pour une planète qui semblent uniques dans leurs genres, il y a mille et mille soleils aux-dessus... mille et mille planètes aux alentours. Et pourquoi donc lui seul ferait-il exception? lui seul serait-il unique dans l'infini univers... la création n'aurait-elle souffert que lui *Homo,* comme déviant de la règle générale, lui, seul être excentrique dans la symétrie de la nature?

Non! c'est impossible, il ne l'admet pas... il a quelque part un Foyer... mais, pourquoi est-il ici, mêlé à ces brutes, ici, sur ce misérable ilot, interné, emprisonné!?

Pourquoi donc?! pourquoi?! pourquoi?! Oui! pourquoi est-il ici????!!!...

?!?!?!...

Hélas! il ne le sait. En vain, il interroge tout le monde! en vain! tout demeure impassible, muet, tout est silencieux, personne ne lui répond.

Tout-à-coup des rumeurs étranges troublent les parois de sa cellule: „Tu-es ici, parce que tu as été criminel et, tu es ici pour expier ... Oui! lui disent de sombres échos, tu as eu un foyer, tu as connu la grande lumière ... il y a un gouvernement qui t'a favorisé, encouragé, élevé au grade de capitaine, ouvert le chemin vers la plus haute grandeur ... mais, tu n'a su te maintenir ... tu as trahi sa bonté. ... Or, à présent expie ..."...

— „Ah! malheur à moi! malheur à moi! si réellement j'étais ingrat, si j'ai trahi, ah! alors oui, j'expierai ... mais, pourquoi n'ai-je pas souvenir de mon crime? — Car, je ne me rappelle pas avoir commis le forfait que ces échos théologiques m'imputent."

J'ai seulement un vague souvenir — la tradition de ma mémoire me le transmet — d'être sorti d'un horrible Huis-Clos ... dont les ténèbres m'entourent encore, ne me quittent plus!... d'avoir été brusquement jeté sur une place froide ... dégradé ... dépouillé ... désarmé ... mais enchainé, devant une innombrable foule vociférante, hurlante, menaçante, m'injuriant, me serrant de près, tombant sur moi... et, par moment, j'ai vu mon existence en danger, hélas, sans défense comme je l'étais que pouvai-je faire! ... j'aurais certainement été anéanti, si je n'avais pas été destiné à de plus grands supplices sur cette *Ile du Diable!* ... Or, mes geôliers veillaient sur moi ... cette tombe me voulait avoir vivant dans ses entrailles et ne me permit même pas une autre tombe, là ... tout près, dès l'origine.... Enfin, je fus débarqué ici ... où l'on m'a mis dans la prison ... avec une garde d'„honneur" — cette chair brute — — qui me surveille jour et nuit et qui ne me quitte plus un instant!...

Hélas! pauvre *Homo* que je suis! Ce que j'ai souffert sur le navire, ma destinée, avant qu'il m'eût emmené à cette place, avant qu'il m'était permis de m'installer ici! Ah! quel long, quel pénible voyag! que de mers, que d'océans j'ai dû traverser! Quelles amertumes! quelles nausées! quels maux d'enfer! Que de coups de soleil! que de fièvres! que de vertiges sur ces étendues agitées!...

———

Enfin! je suis arrivé ici. Qu'ai-je trouvé? Au milieu d'épaisses brumes, des ilots isolés ... on m'a indiqué le mien, un des plus arides, des plus sauvages, des plus abandonnés et que des hordes de brutes, n'ayant aucune forme de ma forme, poussant des cris aigus de fauves, parcouraient seules ... et qui s'enfuiaient effarouchées à mon aspect ... pour revenir bientôt en foules innombrables m'assaillir avec furie!...

Ah! que j'eusse été heureux d'y mourir, dévoré, dès le premier jour! — Malheureusement, le Gouvernement du *Huis-Clos* a mis de ses organes à ma disposition ... pour me défendre et, je suis resté en vie... en supplice!... en de cruels tourments infinis!...

O cruelle Destinée! Avec cette existence même qu'on m'a imposée, on ne m'a rien laissé, rien donné de ce qui m'était nécessaire pour exister ici!... Ma case même n'était pas encore achevée... Un soleil qui me cuisait la tête, en même temps qu'une humidité me pénétrait comme un froid acier les pieds ... et le milieu du corps entouré d'un cercle de bise assassine et, tout mon corps encore saignant des blessures reçues — récemment, et, présentant encore aux dards, aux griffes de ces brutes, des plaies béantes — et dedans, dans mes entrailles une, faim, une soif et une flamme infernales qui me dévoraient ...

Cependant, mes fatigues mêmes, mes douleurs physiques me laissent un instant l'espoir d'un doux repos ; dès que ma case sera achevée, l'Ile prendra un aspect plus conforme à mes désirs, l'existence sera plus supportable ...

Ah! j'avais oublié que j'étais un condamné emmené, ici, pour expier, comme certains échos me l'avaient dit. Si j'étais bien gardé! — hélas, si mes fatigues des jours me relachaient un peu celles de l'esprit, je n'avais le repos de la nuit qu'au prix de plus grandes souffrances mentales ...

Car ce terrible *Huis-Clos* n'a pas cessé de me tourmenter l'âme ; son mystère me pesait, m'opprimait, mille pensées m'obsédaient, sans que je pusse arriver à aucune conclusion, pénétrer la moindre énigme ...

Or, mes convulsions de désespoir ne devaient pas cesser de si tôt — ne devaient cesser jamais — ne suis-je pas condamné à perpétuité?!

A peine les premiers travaux auxquels je m'étais livré, pour me rendre la vie plus supportable, étaient-ils terminés, il ne me restait plus qu'à me reposer — à replonger au fond de l'abime et de ne plus penser — qu'à vivre — qu'à jouir des fruits de mes travaux. Or, comme pour augmenter mes supplices, on m'a laissé subsister l'âme, vivante, inquiète, dans cet être qui a été tué : ... enchaîné et, tel l'aigle qui n'est fait que pour planer au Zénith, mais auquel on a coupé ses ailes, se débat vainement, s'agite, essaie de reprendre son essor, souffre, retombe abattu, se relève, essaie encore — — toujours en vain! et, ne pouvant plus se relever au-dessus des airs ... se résigne enfin, de ramper par terre — — mais sans même le pouvoir, hélas! n'ayant pas l'organisation des bêtes qui rampent — — ainsi je me débattais vainement entre les tourments de l'esprit — — et l'agonie du séjour sur l'ilôt. Infortuné moi! penser c'était souffrir — — je ne pouvais jamais percer les nues qui couvrent le ciel de mon existence; penser me fatiguait; penser redoublait mes supplices, me révélant toute l'horreur de ma prison et, ne pas penser, me résigner à la vie de l'ilôt — — c'était m'enterrer vivant moi-même; je ne le pouvais — — je ne me sens pas fait pour la vie des brutes et, je ne peux non plus planer bien au-dessus!...

— — — — — — — — — — —
— — — — — — — — —

Ah oui! pauvre lui! pauvre *Homo!* Combien de fois aux prises avec les forçats qui l'assaillaient, saignant sous leurs coups, la chair déchirée, ou bien au milieu d'une subite inondation, ou d'une maladie qui le clouait là, au sol, sous ce soleil qui le dardait et augmentait ses maux, ou, sous le froid qui le paralysait, sous la faim ou la soif qui le martyrisaient... combien de fois il maudissait le monde et son Régisseur — „s'il en fut un" — que de fois la mort lui apparaissait comme un ange libérateur!! Oui, il mourra, de son gré, en rebelle, en maître!...

Mais des échos venaient de nouveau lui chanter l'espoir des jours meilleurs — et, il résolut d'attendre, d'espérer. Etant d'un naturel meilleur que celui de ses juges — il eut confiance en eux ... „Ils ne peuvent être bien méchants, eux, si puissants... . Non, ce n'est qu'une épreuve — un examen de mes forces — ils reviendront, ils reviendront sur leur jugement, je serai libéré, je le serai! je le serai!"

Dès ce moment, il se reproche ses imprécations, ses lamentations, son impatience..... Au contraire, prouvons notre valeur, soyons quelque chose, digne de nous et du suprême Etat-Major ... Montrons la grandeur de l'esprit dans les chaînes du corps; soyons le grand prisonnier, toujours capitaine; les échos théologues nous ont parlé des jours meilleurs ... attendons, espérons et, pour ne pas trop nous impatienter, occupons notre esprit, notre âme, notre corps, occupons nous."

Dès lors, il prend de l'importance à ses propres yeux — ses malheurs mêmes, semblent le grandir — il a pu les souffrir — pauvre, et, s'apitoyant maintenant sur son propre sort, avec la satisfaction de l'amour propre, que c'est lui qui a été le héros de ces malheurs, il les évoque dans son souvenir, les uns après les autres, dans tous leurs détails, il veut les éterniser, il les grave sur les pierres, sur l'ardoise, partout ..... Mais d'autres préoccupations viennent également le distraire; pour l'histoire de ses malheurs il lui faut fixer les dates, les jours, les heures, les minutes même, songez! sur un petit ilot et, quand on est éternellement seul, avec soi même — cela prend de l'importance les jours — les heures — les minutes — les secondes — les tierces ...

Eh bien, voilà qu'il les fixe, qu'il leur trouve des signes, qu'il perfectionne ces signes, qu'il a des chiffres, qu'il combine — et, désormais il a de quoi préoccuper une éternité... Oui! il est armé, bien armé! aussi armé que ses juges du Huis-Clos, fussent-ils forts, fussent-ils méchants, ils ne reduiront plus sa patience, son enfer fut-il quatre, dix mille fois éternel, il a de quoi remplir l'éternité! — Oui! désormais il peut *durer*... Pensez! que de grains de poussière à compter, rien que sur ce sol — que d'étoiles à dénombrer là haut! que de noms à donner à ces grains de poussières — à chaque grain — que de dessins à faire de ces ilots voisins — — que de formes à contempler! — — Eh bien, oui! il a de quoi occuper une éternité! — on dirait même qu'il se félicite d'être ici!... Oui! il agira, il agira! il y a de quoi agir! „Mais, tout d'abord, procédons avec système, avec ordre: Or, voici l'arithmétique, voici l'algèbre, la mesure des angles, des cercles, la trigonomètrie, que sais-je... voici un globe, tout un globe de chiffres, les mathématiques; le voici créateur des mathématiques, le voici créateur — il défie déjà les juges et les jugements du Huis-Clos!... Ah! si ses juges se doutaient de son bonheur!... ils regretteraient certainement de l'avoir condamné!... Le plus terrible verdict aurait certainement été, de lui montrer, de loin, cette Ile et tout ce qu'elle offre de réjouissant et de lui dire que c'est là le paradis des bons... mais, qu'il en est privé, lui...

Les mathématiques... il ne se contente pas d'en faire bénéficier son *Ile*, il les appliquera encore à la voûte étoilée, à toutes ces iles qui entourent son *Ile* — l'Ile de l'*Archange!*...

Son histoire à lui est sans doute intéressante...
Or, il serait aussi intéressant de faire celle de ces
brutes... il y trouvera, découvrira des familles...
il les décrira. Bientôt son amour propre ne lui permettra pas de ne pas être logique dans son système :
toutes ces bêtes, toutes ces brutes ont des familles...
il ne peut-être lui sans famille — — l'algèbre ne le
permet pas, elle est générale et n'admet pas d'excep-
tions, de cas particulier — — Eh bien, il alliera son
histoire à leur histoire — — Oui, lui aussi est autochtone d'ici — — il a lui aussi sa famille sur cette
*Ile* et — tenez — la voici — ces bêtes abjectes...
Ah! n'en riez pas! — on ne rit pas de la science —
L'algèbre — vous savez, c'est exact — — Seulement,
est-ce bien de sa faute, s'il a surpassé ces abjectes
bêtes jusqu'à ne leur avoir jamais ressemblé...?

Puis — écoutez : le rossignol chante !... pourquoi, lui ne chanterai-t-il pas, lui *Homo ?* Il chantera,
il chantera et il écrira ses chants. Ensuite, il inspec-
tera son enceinte, il la décrira, tout son ilot sera dé-
crit, pourquoi pas ?

Un beau matin — ô prodiges! il a fait une découverte inattendue : il n'était pas le seul capitaine
condamné et qui cherche à se distraire... Il y avait
dans un coin de la case un tout petit être qui dan-
sait la ronde, qui pivotait autour de lui-même et qui
roulait entre ses mains une corde plus fine, plus mince
que le fil de soie : cet être brodait des cercles — se
moquait-il donc de Dieu ? — il semblait une grimace
— une carricature de l'Eternel — Qui sait — peut-
être Lui — — là-bas, n'est-ce qu'une grande araignée
— pensait le pauvre Homo.

Eh bien, faisons comme l'araignée — elle brode, pour ne pas s'ennuyer dans sa perpétuelle prison... car, elle aurait fort bien pu rester dans ce trou là-bas — — mais non, elle préfère s'amuser. Eh bien, je ferai autant — je me construirai de petits palais, je planterai des jardinets, cela donnera des fruits...

Enfin, il se hasarde, il sort, c'est avec peine qu'il a repoussée ces forçats qui lui obstruaient la place et qu'il s'en est attaché ces autres qui le servent; ces arbres furent vite plantés, ces maisonnettes bientôt construites... il ne lui reste qu'à en jouir, qu'à rêver, contempler — — philosopher, quand, tout à coup — pan! crac! il est retombé dans l'abime, toutes ses espérances ont croulé!! — — il a aperçu un moment d'azur — là-haut — un rayon de soleil — qui n'étaient pas de cet azur — — ni de ce soleil — — et, tout à coup il s'est rappelé un azur — un soleil autres...

„Non! j'étais sot de m'adonner à ces douceurs puériles, ici! non! je suis retombé dans l'enfance, en me croyant grand par ces petits jeux d'esprits — — Non! ce n'est pas là la grande science — — il me semble que je l'aie connue, autrefois — depuis longtemps, puisque je voyais dans tout l'Infini, sur un champ dix mille fois plus vaste — puisque je n'étais pas alors prisonnier — — que je n'étais pas toujours interné dans cette Ile!...

Mais, vite, ce rayon, cet azur se sont effacés et l'infortuné prisonnier se demande s'il n'a pas rêvé...
„Mais, si c'est un rêve, d'où vient le rêve? — n'est-ce pas le confus miroire de quelque chose de réel et, pourquoi serait-ce un rêve, cette chose-là — en haut, plutôt que celle-ci, en bas?!"

Qui sait si tout ceci n'est qu'un horrible rêve...
cette maudite *Ile du Diable*, cette prison, ces tourments — et, peut-être moi-même — — Et pourtant
... qu'importe? je souffre du rêve ou de la réalité!
— — ah, ça par exemple, ce n'est pas un rêve, cela!
oui, je souffre! *je souffre! je suis!* cette *Ile* est, je suis condamné! Ah! pourquoi suis-je condamné! pourquoi dois-je souffrir! pourquoi suis-je ici'???!!!

———————————————————————
———————————————————————

Telle est l'histoire de l'infortuné *Homo*, tel vous le voyez dans ses plus anciens livres, depuis Zend jusqu'à Confucius, jusqu'à Moïse, jusqu'a nos jours, tels sont ses cris désespérés depuis Salomon jusqu'à Job et jusqu'à travers les siècles... Ce cri n'est qu'un, d'une nature, alternant entre l'interrogation, l'éternelle interrogation désespérée, sans réponse, éternellement sans réponse et les imprécations stériles...

Tel vous le voyez, par moment au comble du bonheur, se croyant au comble du bonheur, hélas! pour ne retomber que plus pesamment aux éternels gouffres du désespoir. Qu'il soit un moment philosophe, se méprisant lui même d'avoir été tantôt enfantin et sot dans ses soupirs, ses désirs et ses rêves et son bonheur et ses plaintes, que tout à coup, par un brusque retour sur lui même, il maudisse sa philosophie et ses vaines aspirations, pour se résigner à la vie bestiale, c'est toujours lui, lui même, le condamné, le souffrant, l'âme tourbillonnante de désespoir, ne cherchant qu'une chose, toujours la même, son heur! son heur! qu'il ne trouve pas. Car, là la philosophie n'est plus supérieure — a-t-elle donc résolu la question, percé l'énigme, répondu à l'interrogation, n'est-elle pas une autre voie à la recherche du bonheur, du même bonheur — ne cherche-t-elle pas la félicité — — Et, si, par instant, c'est un calmant — un endormant, une *anesthésie* — Qu'est-ce que cela prouve? Hélas! que ce n'est qu'un autre genre d'abrutissant — pour permettre l'opération — pour amputer le désir de l'Heur qui fait souffrir — ne pouvant donner le calme réel, à l'état de veille — — — — elle vous endort, concentre le calme en elle, la philosophie — le sommeil — hélas! mais on s'en réveille, tôt ou tard, et — on l'a trouvée impuissante à guérir — — — elle n'a fait qu'amputer le désir, elle a dit: „Tu ne l'auras plus, tu ne chercheras pas le bonheur — — — — tu te contenteras de manquer de ce membre!" — — Hélas! mais ce membre principal manque, manque, manque — — et, on le cherche — en vain et — — l'on souffre double, car, maintenant plus que jamais on sait qu'on ne le trouvera pas . . ., plus! . . . jamais!

Ah! dites-donc au manchon qu'il n'avait jamais de bras! dites lui que son bras . . . sa d'extre qu'il cherche — n'étais jamais. Dites à l'homme que l'heur n'a jamais existé.

Quoi! il n'était jamais . . . nous ne connaissions jamais de meilleures conditions d'existence! toujours condamnés, nous! nous étions toujours condamnés, toujours sur l'affreuse Ile! . . . Le rêve de la Félicité c'est une vapeur de nos sens, une folie de notre âme!?

Mensonge! . . . si le sexe n'avait pas été séparé du sexe — — s'il ne l'avait pas connu, il ne lui inspirerait aucun désir . . . le sexe!

Oui! Homo a connu un Foyer plus heureux, oui, il en a été arraché, oui, il a été condamné par un cruel Huis-Clos dont il n'a jamais compris l'horrible mystère!

Oui! il souffre, tous les actes auxquels il se livre successivement le prouvent. Toutes ses occupations philosophiques, politiques ou autres, ne sont-ce pas celles d'un condamné qui dans ses longs ennuis ne travaille que pour oublier?!

Oui, son souffle n'est qu'un cri de désespoir, plus ou moins aigu, et ce cri retentit lugubrement à vos oreilles à travers l'histoire et à travers la philosophie, car notre philosophie, car notre histoire ne sont que la philosophie de l'Histoire... de cette histoire; que l'histoire du Désespoir! de ce désespoir! — —

Car, ce n'est que la philosophie du doute et, rien n'est plus éternel et rien ne to    nte d'avantage!...

Car, quand même, elle nous fait grimper par moments sur sa petite éminence — — quand même elle nous offre par de longs intervalles quelque semblant de soulagement, chaque rêve entraine derrière lui un abime de désespoir d'autant plus noir, d'autant plus profond que le rêve était plus carressant, plus chéri. Ainsi l'étroit sommet traine derrière lui — aux alentours — un précipice d'autant plus meurtrier et plus insondable qu'il s'érige haut, ce sommet!...

De là, toute l'anomalie de notre existence, de là, de ces conditions — — toute l'inconséquence de nos actes, le désespoir n'est pas conséquent —. De là, ne vous étonnez pas si vous voyez parfois *Homo*, tout en cherchant à se conserver, s'élançant tout à coup comme un fou furieux sur lui même... se frappant la tête — sa tête — contre le mur, se tordre les mains, les doigts — ses mains, ses doigts — jusqu'à se faire mal à lui-même — — comme pour alléger ses maux — — s'arracher les cheveux — ses cheveux —, se heurter la poitrine, se saigner — — s'anéantir — — sans même y parvenir, hélas!

Car, qu'est-ce donc que ces saignées, que ces guerres — ces guerres civiles ou nationales? — qu'est-ce donc que ces crucifications séculaires — — ces persécutions, ces extirpations? — — N'est-ce pas *Homo* qui se frappe lui-même la tête, qui se tord les mains, s'arrache les cheveux, veut s'anéantir — s'anéantit — sans y parvenir — — 's'anéantit — — parce qu'il désirerait exister!

Car, il a été borné Darwin en n'expliquant pas son *struggle for life*. Constater n'est pas approuver; or les petits esprits ayant trouvé le fait constaté s'en sont fait un évangile à suivre...

La lutte pour l'existence entre brutes et brutes est une vérité constatée chez les brutes. Mais, *Homo* règle-t-il donc toute sa conduite et toute son existence d'après la législation des brutes?!...

Hélas! oui, par moment! Las de vouloir prendre son essor vainement, il se résigne à ramper, à s'abrutir — — en cherchant là-bas, ici-bas.. bas.. bas.. très-bas! — son calmant — — Mais, a-t-il été organisé pour ramper? Or, ramper même lui est pénible et, quoi qu'il fasse, de quel côté qu'il se tourne, il souffre; c'est là la seule vérité de sa vie.

Or, au milieu de ses souffrances, il tombe souvent dans le doute et se méfie bientôt de tout ce qui l'entoure, de lui même, de son existence — — mais — hélas, seules ses souffrances ne lui laissent pas de doute.

Enfin, à tout jamais désespéré, is se relevera bientôt avec rage, maudissant le monde et son créateur et, désormais, il n'agira, il ne plantera, ne construira, n'algébrisera, ne philosophera que par dépit et que par amour propre. Capitaine encore dans cette funeste création, il le sera jusqu'au bout. Que dis-je, dès ce moment il est chef absolu en lutte avec le chef suprême! dès lors, il est né puissance, il est éclos dieu; oui, dieu sorti de lui-même, un lambeau de caoutchouc comprimé qui tout à coup s'est gonflé d'air, est devenu globe dont le volume va en se gonflant toujours, en absorbant peu à peu, en lui, tout l'air ambiant, tout l'espace-obstacle, en limitant graduellement, en soumettant cet espace et, tendant à l'occuper bientôt lui seul, par lui seul, de tout son volume et, peut-être même, en écartant de ses parois les parois de l'Infini! — — Ah, seulement le jour où lui serait tout, rien ne serait plus quelque chose!...

Oui! il luttera, il guerroyera contre tout ce qui lui fait obstacle sur cette misérable *Ile de Rélégation*. Et, tout d'abord, il soumettra ses fauves similaires : les fauves; il asservira les bêtes, ensuite le reste, l'air, les eaux, toute l'ambiance; puis, finalement, ses invisibles Semblables : les idées — lui étant Idée — chaque pensée chez lui partira comme un trait et frappera et abattra un être pensée dans les avant-postes de l'Armée-Mystère, dans la Garde de l'Enceinte de l'Infini-Inconnu...

Triomphera-t-il??? — ? — — — — — — ? — —

Ah! déjà il n'entend que trop fort Elohim jaloux prendre conseil: „Que faire pour empêcher Adam de ne pas devenir l'égal du rival?" — On lui crie: „Non! tu ne sortiras pas de ton lieu d'internément; tu peux aller jusqu'ici, jusque là, mais, pas au delà! Gare à toi si tu essaie de franchir les limites assignées de cet air, de ces eaux, de cette Ile! Car, ici tu vivras, ici tu te tourmenteras, ici tu mourras... lentement, tu végétera, tu expirera à petite haleine, t'éteindra à petit-néant." — — — — — — —

\* \* \*

## CHAPITRE IV.
### Son Ghetto.

Telle est la situation constante d'*Homo*, telle sa crise permanente; telles ses angoisses perpétuelles; tels les infinis malheurs du Juif de la Création, qui se disait l'Elu, le seul, le grand Elu du suprême Gouvernement et qui semble l'être pour la souffrance...

Ah! sur cette Terre d'Exil!..... ses juges le craignaient encore — — Ils ont compris de quelle substance est sa substance, quelle est la vie qui y tempête et quels son les soupirs d'inépuisable nostalgie qui s'en dégagent constamment et quelles sont ses aspirations secrètes. Ils ont déviné l'élasticité de son génie, aussi lui ont-ils construit un horrible, un sordide Ghetto, dont il ne saurait plus trop s'absenter...

Or, l'heure des crépuscules a sonné, les gardiens sont là — — les formidables portes ferrées qui clôturent le labyrinthe des petites ruelles tortueuses, étroites, puantes, bourbeuses — sont ouvertes. Malheur aux attardés! Malheur au Juif s'il n'est pas rentré à temps! — —

Et quel effroyable Ghetto que cette Nature ... dans laquelle il doit vivre!!!

Or, demandez-vous combien de ruelles ouvertes on lui a laissées là-dedans — — combien sont-elles longues, combien spacieuses — sont-elles longues, ses journées?! — — peuvent-elles aller loin ses pensées?! — saurait-il s'exercer sans restrictions dans le grand air de la Libre-Philosophie? La nuit ne vient-elle pas restreindre son jour?: la trop prompte fatigue ne vient-elle pas limiter son pouvoir dans l'Oeuvre?! Ses bas et sordides besoins ne sont-ils pas toujours là, à la porte... pour rappeler sa rentrée?! — pour *finir* sa soif de l'Infini?! — — ah! combien sont-elles peu variées, peu propres, peu nombrables, bien qu'embrouillées, bien qu'inextricables, grâce à leur vertiginuosité — ses voies! — les voies qu'il peut parcourir dans le Ghetto!...

Chantez, poètes, la beauté, l'infini varié de ses mille et mille passages! — — Mais vous philosophes n'oubliez pas que c'est un grand Impasse, un Ghetto — une Restriction!...

Là il vous faut vivre! de là! — rarement — oh! que rarement, il sera permis à quelque rarissime privilégié d'entre vous de sortir — de ne pas porter la misérable *rouelle jaune* de la Raison-Impure, du Sens-Commun jusqu'à justifier l'instinct de la chair animale.

Mais, toi, l'Ensemble, toi Juif — — tu n'en sortiras pas trop! — — Non, tu vivras dans le Ghetto : point de relations au dehors! — — Au Ghetto, seul toi, avec toi; toi en éternelle tête à tête avec toi-même, avec toi seul, tu te remuera, te querellera, achèteras et vendras les petits articles du besoin quotidien ...

Là, de temps en temps, tu te feras ton Sabbath de joie, de chants et de repos; là quelquefois tu auras tes Grandes Fêtes où tu saurais penser à la perte de la Terre-Promise — celle, découlant de lait et de miel, où tu vivais avant l'Exil — là, quelquefois, tu auras ton Grand Jour de Recueillement, ton *Kippour*; ce jour de grande promenade en dehors du Ghetto... affranchi de toutes les chaînes du physique! — — Mais, un rare jour est bientôt achevé, une éphémère promenade est vite passée, vite oubliée, les gardiens sont là — les lourdes portes s'ouvrent, rentre et recommence tes journées misérables!...

Ah! tu seras encore de temps en temps massacré, par une peste qui sévira, par un ouragan qui se déchaînera, par la foudre qui tombera, par le flot qui t'inondera!

N'importe! rentre! recommence! c'est ta destinée, n'es-tu pas sur une Terre d'Exil? Evoque donc l'Avenir! implore les journées qui s'ouvrent, crie, du plus fort: „L'an prochain dans Solyme-le-Progrès!" Mais, en attendant les années qui se succèdent, vainement — sans rien apporter — rentre! Or, les gardiens sont là — — ils ne te laisseront pas, même une nuit, pas une minute, passer en dehors des murs d'elle — la Nature — ton Ghetto.

" Rentre! tu auras à repousser les attaques des maladies, à subir les coups de disette, à supporter toute sorte de maux, mais, c'est le sort qui t'a échu, n'es-tu pas Enfant de l'Exil, pauvre Juif!

Pauvre, pauvre Juif de la Création! que tu es à plaindre! va! je te plains, j'ai de ta complainte pleine mon âme!

Ah! cruelles fauves au sein desquelles il est condamné à vivre — à végéter — ne lui reprochez pas son isolément, pardonnez lui si, comme Dieu, il vit en lui même, dans son être même, par lui-même... Hélas! il a tout autour de lui, en dehors de lui pour l'accabler — pour cela — — ah oui! il a jusqu'à lui-même, pour l'accabler — lui-même — mais, voyez-vous, pour se réjouir — rien en dehors de lui, mais tout en dedans — pour se réjouir — personne, pour le réjouir, à part lui-même.

Pauvre Homo! pauvre Homo! qui aimes-tu en l'homme si ce n'est toi-même?! qui adores-tu dans la femme si ce n'est toi-même — comiquement, hideusement, misérablement divisé en deux parties pour te réjouir — — pour te procurer des pamoisons, pour te susciter des délices, ... comme l'enfant qui galope et qui se croit transporté par une locomotive! — — hélas! pis que cela — — comme la bête qui se mire dans un lac et qui se croit en joyeuse compagnie! —

— — — — — — — —

Qui donc, qui t'afflige, qui est surtout, dans ta *petite vie*, cause de tous tes chagrins, si ce n'est toi même Homo! Qui te frappe, qui te déchire, qui te pansait, dans le dedans du Ghetto, si ce n'est toi-même? Qui te distrait, qui t'encourage, qui te donne le bonheur, pour qui tous tes ouvrages, si ce n'est pour toi-même?! — — —

O Force bestiale, ô haineuse Puissance qui règnes, tu te crois, peut-être, bien venue pour lui incriminer ses vices, pour lui parler de dégénération, lui reprocher ses rêves, lui imputer à crime ses pensées, l'accuser pour ses croyances et railler son orgueil! — —

Son orgueil est légitime! Si tu laisses admettre un Christ-Dieu, parce que comme homme il a su souffrir, — lui, Homo, ce Juif, est Christ, ce *Juif* est Dieu, car, il n'a pas cessé d'endurer!...

Mais, c'est un Dieu dont Elohim est jaloux, c'est un Eternel-Yehovah, éclos en testament d'amour, en Nouveau-Testament ouvrant un Royaume infini, le Royaume céleste, contre le vieux Testament se bornant à faire sortir du ghetto-création argile, du ghetto de pharaonique esclavage de brute, pour un autre plus grand, plus spacieux, plus varié, le Ghetto de l'Exil — ton Ghetto!...

Ah! ne lui en veux pas pour le Firmament qu'il s'est ouvert au delà de l'Enclos où tu l'as enfermé! N'en veux point au prisonnier s'il se creuse un trou en dehors, par un mur de sa cellule! car, il étouffe ici...

Or, il a été plus puissant que toi, en faisant malgré toi, pénétrer le libre Espace jusque dans sa cellule — et cela par un faible trou — — honte à toi, à qui il fallait d'épaisses murailles pour le priver de cet Espace, pour l'isoler de cette Liberté! Il est plus grand, plus puissant que toi et l'orgueil lui est permis!

— — — — — — — — —

Ah! non! tu ne lui parleras point de ses vices!

tu n'oseras point l'incriminer — en rien ! Or, ne dis pas *dégénération*, dis *fatigue*, dis lassitude passagère, dans son héroïque guerre contre toi — le Maître ! —

Or, souviens-toi combien il a été traqué, pourchassé, atteint, massacré ce *Juif-Errant* d'un lieu à un autre, sans repos !

Ouvre son histoire et lis, et tu verras pourquoi il a tant migré sans relâche — — Ses tristes annales te diront que, Gallo-Normand il a été cruellement chassé par tes masses houleuses, furieuses, destructrices, des monts Scandinaves — en y laissant Dieu sait combien de ses victimes ! Les tristes, ses noires annales te diront qu'avant de s'établir Khétéen, il fut surpris, dans sa primitive résidence, à l'extrême et chaud-Nord par l'explosion d'une tempête glaciale et paralysatrice... Et, en combien d'autres lieux n'eût il pas à subir le martyr où, à finir, à s'expatrier — heureux encore, s'il trouvait, par-ci, par-là, quelque refuge, quelque protection près de quelque sommité ! — — Hélas ! que de violentes, de fréquentes submersions générales ! que de déluges-noyeurs ! que d'inondations s'élevaient sur sa tête et l'eûssent sûrement anéanti, à tout jamais effacé, s'il n'avait pas, tout à coup, appris à courber la tête, à laisser passer les vagues, à nager — à surnager — *Arche de Noé* lui-même !...

Ah ! séchez les mers, saturez les océans, transportez à leurs places primitives ces îles, réunissez en une seule plaine les continents et je dénombrerai les grains de sables qui couvrent la surface de cette terre, et — — il n'y aura pas un grain qui n'eût absorbé de son sang — — Puis, recouvrez tout cela des verdures qui ont existé et, il n'y aura pas une herbe qui ne fût humectée de ses sanglots! — — Ces iles?! — — mais, il n'y a pas une pierre qui ne fût son tombeau!

— — — — — — — — — — —

A présent, — oui, recouvrez, recouvrez les vaux, ces gouffres -- faites y rentrer les eaux et, je vous en décolererai chaque goutte et, il y aura du sang... de son sang! puis à travers de chacune je vous montrerai un infini, un horrible, un noir gouffre, dans chacune, — dans chaque moindre goutte et, je vous dirai: „Ici Homo a sombré, tant de fois — Ici, regardez, il y a un précipice — — Homo y a été engouffré tant de fois"...

Ah! et cette poussière même, et ce sable — — Voyez! c'est la sainte relique de ses os de martyr!!! Fouillez! fouillez! enlevez couche par couche, encore! — tout cela — encore! encore! ses os hélas!... Oui, cette poussière est la poussière de ses os et chair! Oui! tout cela, toutes ces couches, toute cette écorce c'est sa chair putrifiée! — Encore!?! — — mais cela ne finit point!! Ah! creusez, creusez, hardiment! fouillez ce sol qu'il foule! — Oui! cela encore! tout cela! tout, tout, tout! Ah! Dieu de la Cruauté! — tout cela! — — toutes ces couches, tout! Tout le Globe hélas!!! Tout ce Globe qu'il foule, c'est lui-même, c'est sa chair, sont ses os! c'est son être qu'il foule!

Et vous, grands Chimistes, vous avez analysé l'air, toute cette étendue, tout cet infini d'air, toute cette immensité d'Espace... et, vous n'y avez pas découvert le principal élément qui le compose, cet air... ses soupirs?!? — — — — — —

Ah! Dante, pourquoi as-tu parlé d'une comédie là où s'est joué un effroyable, un sanglant mélodrame, avec l'orchestra des pleurs, avec la musique, la funèbre musique du sang qui crie et des soupirs qui étouffent?!...

Mais, est-il donc grand, Satan! Oh! admirez la puissance de l'ininterrompue Méchanceté qui est, l'inépuisable sagacité du Mal... Est-il donc savant, le Bourreau!...

Haïr, réduire, saisir, condamner, désarmer, dégrader, reléguer, supplicier... soit!

Mais, faire de l'homme son propre autodafé, composer de sa propre chair son propre gouffre, tisser le Globe de son séjour avec des lambeaux de son propre être, faire son air ambiant de ses propres soupirs, faire les océans de son sang, les sources de ses larmes, les cataractes de ses sanglots et les tempêtes de son souffle... quel grand Dieu! et quel art! Ah! applaudissez! applaudissez! nul bourreau n'a jamais plus tourmenté, ni rendu sa victime plus grande! — —

Découpez donc en filet cette Peau de sa peau, dont le Globe est fait, à l'instar de l'aquisitrice de Carthage, étendez la mince lanière de son être, le long des parois des univers; étendez-la! étendez, il y en a encore! — — et bientôt vous aurez un filet de sanglante chair qui fera le circuit de l'Infini — — et déjà l'homme l'aurait acquis! — Ah! il y en a encore... Doublez le fil, triplez, septuplez-le!... Ah! voyez! voyez! horreur! qui est-ce? — — un arc-en-ciel, avec toutes les couleurs du sang et des souffrances... Ah! cruel, sanguinaire Elohim! Je comprends maintenant ta promesse à Noé... tu verras cet arc — — et quand tu l'auras vu, tu te souviendras que tu en as déjà bu assez, de ce sang, que tu en as déjà dévoré trop, de cette chair — — et, cela t'apaisera, peut-être — comme le tigre ne se repose, ne s'apaise que quand il voit devant lui les débris épars de la victime!.....

\* \* \*

Or, Satan, tu es Dieu de nos bas-mondes, mais tu es le Dieu de la Mort, de l'interminable Mort qui renait, qui s'engendre, qui se reproduit incessamment. Or, Satan, toi-seul tu sais faire mourir, en faisant semblant de faire vivre. Hélas! oui, c'est toi le Créateur de Tout-Cela — — autour de nous; mais, Tout-Cela c'est l'Empire de la Mort, de l'incessante mort, l'éternel Styx sous-céleste, la Géhenne de la *Vie-Posthume* après l'Eden vécu dans les hauts-Univers...

Mais, si tu n'es que le Ministre de Dieu, son noir archange, le gouverneur de l'Ile de la Déportation, si ce n'est là qu'un régime, le féroce c'est Dieu, ton maître, et tu n'es que le ministre de la mort, tu n'es que le MALAH—HA—MAVETH, mais lui, c'est NAHAS — — Nous sommes le grand Cadavre qui renait éternellement et lui, c'est l'immense Corbeau qui nous couvre de ses ténébreuses ailes et qui se nourrit de notre chair!

Hélas! Chantres enjoués, vous célébrez les beautés de cette Immensité, mais vous ignorez de quoi elles se composent — — Darwin vous l'a dit, à demi ... c'est le sang et la chair de la Victime ...

Car, si l'infini filet rouge ne vous suffit pas, étendez encore ces océans, nouez-les à ces fleuves, adjoignez-y tout cet air, tout cet espace, toute cette immensité de débris humains, d'exhalaisons, d'expirations humaines, de sang humain, de larmes humaines, ajoutez-y l'éther de l'âme souffrante humaine et tout l'Infini sera lui, Homo, sera son volume, le volume de son cadavre ... et, vous verrez que Homo n'est grand que par ses souffrances, que son Infini est sa Douleur, n'est fait que de sa substance martyrisée! .....

Oh! imbéciles humains! vous invoquez un Juif-Christ et vous ne l'avez pas compris — — Or, est-il un Christ plus grand que le Juif-Homo?! est-il une Croix plus terrible. plus infinie que son existence ... l'existence de Homo?! Ah! certes, certes! il est fils de Yéhovah! sans cela il n'aurait point su subir Elohim ... le Satan de cette Création!

—————

Je vous entends! Je vous entends, avocats du Diable! vous qui avez amoindri Jésus, en bornant son supplice dans un Calvaire et son agonie sur un bois, et sa durée à un jour. Le Christ, le Grand Christ est *Homo*!

Lui seul est le Rédempteur de nous, forts en Lui! Lui seul nous donnera le Salut, Lui seul conjurera Satan, Lui seul nous ouvrira le ciel! Lui seul n'est pas mort après avoir été crucifié!

Car, lorsque par le Glaive de ses souffrances il aura achevé de conquérir l'Infini hostile, ce jour là, l'Infini renaîtra, l'Infini sera Lui, Homo ; Lui seul sera Dieu, Il se sera créé par Lui-même : par ses maux, par sa résistance, écartant les obstacles, après les avoir rendus impuissants — redoute-on donc le serpent lorsqu'on s'est habitué à son venin ? ne guérit-on pas les morsures des scorpions, en broyant et en absorbant le produit de leurs dards ? ne sont-ils pas dès ce jour affaiblis, anéantis ? leurs armes leur servent-elles ? — — par sa volonté faisant crouler les murs de l'Impossible... Le voici son Royaume céleste, le voici son Evangile ! Et quel Evangile né de l'Ame en parfaite béatitude !

Or, il arrivera un moment où chaque atome de douleur, chez la Victime, repoussera, dépressera, éloignera, sapera, tel un formidable belier, anéantira un atome de la Force hostile, où chaque cri d'angoisse étranglera un hurlement chez la Fauve et, bientôt le Tout sera au Martyr, le Néant au Bourreau — comme ces insectes qui meurent par suite même du mal fait, par suite de la piqûre même faite à l'homme — = Alors, le martyr devenu Dieu connaitra la misère et, il sera un Dieu bon, un Créateur de miséricorde : il a absorbé la Douleur, il s'est nourri de supplice et cela aura constitué chez lui un organisme de Pitié... Alors le Rêve s'accomplira, l'évolution aura lieu ; la Création sera le Bien, mais le Bien sans limite, la lumière sans ténèbres, l'heur sans désastre ! Car, la douleur aura passé, auront cessé les ténèbres, sera évaporée la misère !

Car, lorsque le noir monde aura cessé d'être, car lorsque la vie réptilienne aura fait sa métamorphose pour prendre des blanches ailes, pour faire papillonner notre âme dans un éternel printemps, car lorsque la matière du Gouffre se rembourra d'une substance lumineuse, la clarté s'ajoutera à la Clarté et, dès lors, tout ne sera que Lumière!...

Eh quoi! le printemps ne naît-il pas dans les entrailles-mêmes de l'hiver? le jour ne s'avance-t-il pas, n'est-il pas attendu depuis minuit, le soulagement n'est-il pas invoqué, espéré au sein même des maux aigus?!... Après une éternelle endurance n'y aurait-il pas une éternelle béatitude?! La grandeur n'éclorera-t-elle pas de l'insignifiant, Dieu de l'homme; l'Heur sans bornes de l'Infortune sans retour — — comme l'enfant naissant qui occasionne la mort de celle qui l'a conçu?!? — — —

Là est le véritable Evangile humain! clair celui-là! intélligible! La sagesse vous dit pourquoi on vous encourage à souffrir... c'est votre bouclier, la douleur votre sabre pour soumettre, pour anéantir Ce qui vous fait souffrir!

\* \* \*

Hélas! mais la malédiction est là! Pourquoi endurer, pourquoi se faire supplicier pour s'affranchir?! pourquoi ne sommes-nous pas né à la grande Liberté?!... Pourquoi Homo est-il l'éternel crucifié? pourquoi doit-il racheter? pourquoi mourir pour revenir?!...

— — !?! — —

Ah! je vous entends! je vous entends! Esprits des grandes vipères au Concile de l'invisible Loyola!

Vous dites: „Il n'était pas seul dans cette Géhenne, „pas seul sur ce Bois ... Toute une foule de bruts „parias sont là pour partager son sort." ...

Comme vous y allez!... Mais, ces brutes, mais ces parias sont de ce monde, sont de cette terre, sont de cet air, sont de ces eaux, de ces submersions, de cette mêlée, de ces fléaux, de cette vie, de ces supplices, de cette mort..... Mais, le néant ne meurt pas! mais ils en sont la substance même, les vagues de cette grossière Nature, les murs, le pavé, les briques, les gardiens de ce Ghetto..... Mais ce Tout est de leur étoffe! mais ils y sont, en naissant, en cessant, en se formant, en se difformant, ils y sont toujours, y revivent toujours, y existent dans leur existence, de leur existence!...

Il sont le vent de cet air lourd, ses ondulations; les cristallisés prismes qui s'animent dans l'épais fluide ambiant; la silice mobile de ces roches. Ils en viennent, ils y retournent; s'y font, s'y défont, comme les gouttes de pluie, comme les flocons de neige, comme la grêle s'organisent dans l'atmosphère; comme la glace se fait dans le liquide et fond dans le liquide.

Or, souffrance il n'y a point! car, il n'y pas violence. N'a-t-on pas vu dans de grands cataclismes des bêtes de terre accepter, sans transition presque, le passage en bêtes des mers et *vice-versa*.

L'homme, a-t-il eu cette faculté? a-t-il su se naturaliser au fond des flots? A-t-il pu, aux époques où le Sec ne fut pas encore ou, ne fut plus, prendre des ailes?...

Quoi! l'homme n'était pas encore en ces temps-là? Où était-il? — ! — ? — Elle, ... sa substance, son essence, son âme! Car, je ne parle pas de son enveloppe extérieure, haillon moins misérable qu'elle a choisi, pour se vêtir, parmi les guenilles les plus misérables, vase qui s'est tant bien que mal, accomodé à son contenu, s'y est adapté. Or, chez les brutes mêmes, ce n'est point leur organisation, mais leur caractère, leur nature, qui est leur être; ce n'est point leur écorce mécanique qui leur prête leurs facilités, mais l'instinct qui est en elles. Or, leur instinct est leur génie. Mais l'homme a le sien ... point brut celui-là!

L'homme était? cette âme était avant le grand déluge? — Pourquoi n'est-il pas entré, cet Etre, dans la submersion pour y établir sa résidence — temporaire, soit — à l'instar de ces autres terriens? — pourquoi n'a-t-il pas pris des ailes, à l'instar de ceux-ci, trop légers ... et qui ont préféré de se faire aériens? ... Ah! il connaissait déjà la locomotion sur les étendues liquides! ... pourquoi a-t-il appris cet art? quel avantage une étude pénible lui a-t-elle donné sur le facile instinct des bêtes: le but n'était-il pas le même pour eux tous? — se conserver. Pourquoi Homo a-t-il augmenté le prix de sa conservation?

L'intelligence comme l'instinct, n'indiquent-ils pas les moyens simples au lieu des voies compliquées, entortillées? Imaginez l'homme et l'animal, primitifs tous deux, au bord de la mer.

La bête dit: „J'y entrerai tout-de-suite, je sens en moi quelque chose qui est là-dedans ... en moi et qui m'aidera. J'aurai beaucoup de peine, mais je sens, je m'y ferai."

L'homme dit: „Hélas! moi, je ne sens rien qui soit là, prêt à m'aider... il faut que je cherche, par moi-même, mon esprit, il faut que je m'aide moi-même pensée... Je ne sens aucune protection dans cette Nature.. ta Nature, heureuse bêtes!.. mais, le peu que je possède, me vient de moi-même, débri d'une autre Nature où le système est autre.. où les choses se font autrement... je chercherai donc.... Ah! du bois... cela surnage! Façonnons ce bois, construisons... de cette substance de la bête ce quelque chose qui protège la bête.... Abêtissons-nous, noblement si possible, conformément à notre substance... abêtissons-nous par cette nature animale pour pouvoir y vivre."...

―――――――――――――――――――

Or, n'était-il pas encore à l'ère antidiluvienne primitive?... Où était-il? d'où donc est-il venu, ici? — ?

Mais, voyez! de toutes les formes animales, la sienne seule est inapte aux sudites métamorphoses sur cette Terre, aux inattendus passages!...

Ah! ne me dites pas qu'il y avait encore toute une série d'animaux qui ont péri aux grands cataclismes, faute de savoir s'adapter à la nouvelle nature. Qui donc vous dit que ceux-là étaient de cette Substance nouvelle, de cette phase de création? En tout cas ils n'étaient point de la sienne, de celle de Homo!

Non! ne me dites pas qu'il est encore d'autres bêtes qui, comme lui, ne sont que terriennes, ne peuvent se tenir que sur la surface de l'écorce terrestre; elles le sont, elles le font tant que leur instinct n'est pas mis à l'épreuve. Mais, au moment critique elles subissent et acceptent la plupart des éléments et des conditions de cette nature.

* * *

Un jour, par suite d'un grand encombrement et, dans un moment de désordre, à bord, on a vu un mulet tomber dans la mer. Un instant on le crut noyé, quand, tout-à-coup, il surgit à la surface et se mit à lutter contre les flots, péniblement, gauchement, en replongeant dans le fond ... en reparaissant ... et, cela, à diverses reprises. Mais, chaque fois qu'il reparut, il semblait armé d'une nouvelle force pour la lutte. Or, il finit par se tenir sur la surface, relevait la tête comme pour mesurer la distance qui le séparait de l'horizon où il avait flairé le sec. ... Dieu sait à combien de milles! Puis, faisant un prodigieux effort, il se mit à nager ... dans cette direction. Finalement il fut repêché.

Si c'était un homme à sa place ... ne sachant pas nager, pas plus que ce mulet, au début! ... Or, cette bête avait certainement, dans toute son existence, moins de rapports avec l'eau que n'importe quel homme. ...

J'ai garde de conclure du particulier au général. Bien, au contraire, je prends cela comme comble de la preuve, comme constation finale. Car, cette bête n'était pas une exception, ce n'était point là un Napoléon de mulet qui se jetait dans l'eau pour y apprendre à nager —. Quoi qu'il en fut, les bêtes sont, évidemment, mieux équipées que nous pour vivre dans cette Nature —.

* * *

Ah! pauvres nous! pauvres nous! Quelle humiliation que de faire ressortir ses avantages d'un état des choses inférieures!...

Assurément, les brutes sont mieux armées que nous, s'acclimatent plus facilement que nous, vivent dans cette substance avec plus d'aisance que nous, avec moins de gêne... surtout....

Quel Dieu donc leur a porté tant d'intérêt? Quel protecteur les nourrit si facilement et, nous oblige nous-mêmes parfois, de les nourir?... Quel Créateur les a vêtues une fois pour toutes, pour toutes les saisons — tandis qu'à nous, on nous a laissé le triste soin de nous tout faire par nous-mêmes, on a élevé, varié nos goûts, pour élever et varier nos peines!... et, on nous a laissé l'éternel souci du présent et l'infini supplice du lendemain!...

Ah! savants, vous désirez m'en expliquer le *pourquoi:* Homo a préféré s'appliquer à nager, surnager... naviguer... non seulement sur les mers, mais encore sur la Nature.... Hélas! y a-t-il toujours réussi?... et puis, quel Dieu donc cherche-t-il à imiter, en méprisant ce Dieu-ci?... ce grossier Protecteur des brutes —. Où donc a-t-il pris de ses goûts supérieurs? Comment a-t-il compris qu'il n'était pas de ce monde? — Où donc le grand sculpteur, le grand poète, le grand musicien dans Homo, Homo enfin, où donc a-t-il vu, entendu des œuvres parfaites commencées et exécutées, des sublimes mélodies conçues et chantées, de grandioses peintures imaginées et mises en relief — — la Nature de l'Art, enfin, pour qu'il méprise, abhorre cette Nature crue? — ? — ?!!! — dites, où? où? — dans quelle Création autre, raffinée, épurée, d'une toute autre substance, d'une toute autre marque, d'une autre main?

? — ? — ?

Ah! vous m'expliquez le pourquoi de l'inaptitude humaine de se faire à cette matière, à cette vie, telle qu'elle est. — Mais, connaissez-vous aussi le *pourquoi* du pourquoi? —

Où donc a-t-il appris à savoir, à désirer le monde — ce monde, tel qu'il devrait être, tel qu'il est ailleurs, le monde — son monde?

Pourquoi donc a-t-il toujours cherché à primer la substance, cette substance?... à se tenir au-dessus?... à faire planer son esprit plus haut! plus haut!—??? au lieu de se laisser subjuguer par elle, de se rendre son esclave, à elle, d'accepter ses conditions, de se laisser chatouiller par ses grossiers sourires à elle... de se marier à elile, de se faire à elle, de s'assimiler à elle —?... s'il ne se savait lui, d'une aristocratique nature, d'un rang élevé — s'il ne se savait capitaine, peuple élu, en exil ... — s'il ne trouvait la liaison avec cette Nature contre Nature, contre *sa* Nature! S'il ne savait qu'*ici*, cela, c'est le Ghetto? — —

— — — — — — — — — —

— — — — — — — — —

* * *

Par malheur, il n'en sortira pas de si tôt!.... Quoi qu'il fit et quoi qu'il entreprit, il y restera pour longtemps... Dieu sait pour combien de temps encore! En sortira-t-il un jour?... Qui peut le dire? qui saurait fixer ce jour de libération?!

En attendant il vivra, doit vivre de le vie qui lui y a été laissée ... oui, demandez-vous de quelle vie il s'y meurt... De la vie de gueux, de la vie de reptiles... de la vie de colporteur, de la vie de braconnier.

Quel est le genre d'occupations auxquelles il s'y livre? — Celui du Ghetto, celui auquel il est astreint, celui qu'on lui a laissé... vous le savez!

Marchand de vieux habits — du neuf, il n'y en a point dans cette Nature qui fait ses étés de ses hivers, ses printemps de ses automnes, ses jours de ses nuits, ses moments d'heur de ses heures d'infortunes... — il amassera les chiffons, les haillons, les guenilles; les raccomodera, les revendra; en fabriquera quelque objet „nouveau", le revendra... le rachetera, les raccomodera encore, en fabriquera encore quelque *nouvel* objet et, le revendra encore!

— — — — — — — — — — —

Ainsi tout se fait, du reste, s'est toujours fait dans ce Ghetto: Les maisons *neuves* se construisent des pierres vieilles qui ont déjà servi à des édifices vieux — la verdure fraiche se fait des herbages pourris... les continents nouveaux ont été d'anciens continents ... même jusqu'aux divinités nouvelles qui sont taillées dans un bois, ou dans une pierre, ou dans un marbre anciens! anciens! vieux! antiques! Même —
— — — — — jusqu'à Dieu! — — — — —
qui se raccommode d'un Dieu usé, râpé, vieilli!... et qui sort frais, brillant nouveau dans la vitrine du négociant... de cet éternel négociant sur le magasin ou la boutique duquel vous pouvez toujours lire cette enseigne:

> De l'Astrologo Savant & Cie.
>
> Achat et vente de vieux habits
> Fabrication d'articles nouveaux
> Grand choix d'objets très variés

„Hélas! pauvre Juif!" vous dites-vous en passant. Vous-vous sentez le cœur serré et vous-vous écriez:

Hélas! À quel genre de vie et d'humiliation il a été réduit, ce pauvre!... lui, qui jadis chantait des psaumes, menait la vie libre des vastes champs où, les soirées, il ne passait point à compter les misérables chiffres utiles... mais à calculer les astres!... Ah! pauvre! pauvre Juif au Ghetto! Mais... pourquoi donc fait-il cela, ce commerce... ne pourrait-il donc s'exercer à autre chose?"

Hélas! vous oubliez qu'on ne lui a pas laissé autre chose, ni une autre atmosphère — — — —
— — — — —

Aussi, souffrez qu'il traîne son existence comme il le peut, telle qu'elle est et, admirez-le d'avoir pu s'y faire.... Un autre, à sa place, n'y aurait pas tenu si longtemps, peut-être... dans cet air empesté, dans cette poussière pleine de microbes... dans cette vermine qui le ronge constamment, ce malheureux Homo, cet infortuné Juif éternel! — — — — —
— —

Donc, ses occupations... les vieux habits.... D'abord il s'en vêt lui-même.... Qu'est-ce donc que les incessantes Renaissances humaines? — De son Histoire ancienne, il fabrique son Histoire moderne, contemporaine, future, que sais-je — et, cela se comprend — lui fut-il donc laissé une autre étoffe, aux autres couleurs, que la vieille, la toujours même étoffe? — De sa philosophie ancienne, il fera sa philosophie moderne, jusqu'à ce qu'elle soit usée . . . alors, il la laissera — c'est-à-dire, il la rembourra, raccommodera, ou fabriquera quelque chose de *nouveau*. De quoi fait-il donc, peut-il donc faire sa philosophie si ce n'est des toujours les mêmes idées, ayant toujours les mêmes perceptions des choses ambiantes toujours les mêmes, constamment, éternellement les mêmes, enfermé dans les mêmes murs du Ghetto qu'il est. . . .

Ah! le jour où un Ciceruacchio viendrait abattre les murailles de son Ghetto pour lui dire: „Il vient de se faire une grande Révolution en faveur de la complète Liberté . . . sors!"

Ah! ce jour-là . . . vous verriez comment il est capable de changer et ce qu'il ferait de son Talmud. . . . Mais il le jetterait par dessus tout bord son Zohar! —

Mais, Ciceruacchio est encore loin, ne vient pas encore et, pour le moment, hélas! a-t-il une autre consolation que la Kabalah, que le Zohar, que son Talmud, après les misérables occupations de tous les jours, ses occupations de nécessités, si chères! si impérieuses là-bas! Car, le séjour au Ghetto . . . mais, il n'est point gratuit . . . il faut encore payer . . . et combien cher! . . . (Ne demandez, donc pas s'il aime l'argent! . . . mais, certainement . . . le Juif!) Homo aime le vil métal, mais, pas pour lui —. On le lui fait aimer ... on l'y oblige — c'est la valeur des choses qu'il ne peut avoir que moyennant un grand prix.

## CHAPITRE V.
### Sa Case — ses chaînes — sa rouelle jaune.

Il y vit donc, sur son Ile? — Comme vous le voyez... Mais, puisqu'on vous dit qu'il y végète!... Depuis le jour, déjà si lointain, hélas! où il s'est résigné, sa vie s'écoule ainsi — comme ce fleuve tant insurgé, si bruissant, tant se lamentant. contenant tant de force, lorsqu'il fut précipité du sommet .... et, maintenant, une fois sa tombe — sa vie — son lit ... son existence, creusée dans la stérile plaine de sable, où il ne voit ni trop de verdure, à ses côtés, faire escorte à son passage, ni trop de monts, ni des collines postées là, d'intervalle à intervalle, pour le protéger contre les bises et la glace, ni même contre la poussière qui l'empoisonne et qui entrave sa marche, sans l'espoir même de passer, ne fût ce que rapidement par quelque splendide ville, par quelque royal bourg où on lui ferait une fête même éphémère; comme ce fleuve, dis-je, avance désormais, à pas lents dans la plaine sablonneuse, sans trop de bruit, sans trop de précipitation, sans trop se mouvementer, presque sans ondes, si ce n'est celles de la rage que parfois lui communiquent les folles tempêtes, ainsi, dis-je, comme coule ce fleuve, sans éclat, sans varier, sans sinuosité luxuriantes ... résigné, n'attendant plus que la Fatalité certaine, inévitable — la vaste, l'immense nappe à son extrémité... où il va se mourir — sa mort... sa cessation finale, son anéantissement, auquel sa substance même, son être même, son exisence même le condamnent, l'amènent...; ainsi s'écoule désormais sa vie, la vie d'Homo — sans trop de transports, sans trop de profond abattement. Rarement une herbe, une feuille d'espoir qui passe, qui s'évanouit, qui se fane, à son temps — pour le reste pas d'autre grande attente, point d'autre journée immense, infinie, triste, grave, fatale que celle-là..... la grande journée de noire solennité... la cessation... la tombe! — —

Or, il a encore quelquefois cherché ses ailes... il ne les a plus retrouvées aux côtes de l'âme — — A quoi bon alors se fatiguer inutilement dans le vain essai de voltiger... il n'ira pas haut!.. Quant a tomber — ici-bas — en rampant — peut on donc tomber bien bas en rampant, surtout lorsque ce sol est le fond, le dernier échélon de l'abime?...

Donc, il vivra ainsi... il ne peut aller haut, il ne peut tomber bas — encore une sorte de consolation — de dernière consolation: il aura garde de ne pas la perdre celle-ci, cette dernière, la seule qui lui reste. Il végétera donc — il s'en fera même une sagesse, une extrême sagesse et, tous ses livres et toute sa philosophie sera remplie de ces maximes-là...: savoir se contenir dans la médiocrité. —

Ouvrez-les, ces livres, étudiez cette philosophie — vous y verrez:

„Sage est celui qui sait se contenter"...
„A de l'esprit qui ne cherche point d'en avoir"...

„Grand est qui sait être petit"...
et ainsi de suite —.

---

Ne vous écriez pas: „Toujours la même chose!" At-il donc autre chose? Or, c'est une morale qui lui sert, une sagesse qui lui est utile, ici-bas — et, c'est déjà une grande sagesse que de savoir vivre dans la tombe ... n'est-ce pas une tombe?

En tout cas c'en est l'antichambre, cette vie !.. ce Ghetto, cette existence !.. c'en est le sombre couloir ... Soyez certains, que vous ne vous y égarerez pas — vous arriverez jusqu'au bout, jusqu'à la porte des finales ténèbres! il n'y a pas mille chemins ... plutôt mille portes, de ces noires portes! ..... vous pouvez y entrer plus tôt, plus tard, ici, là, à droite, à gauche, comme vous voudrez ou, plutôt selon la porte qui s'ouvre la première ... pour vous ... Ah! on ne vous laissera pas passer au-delà!... Mais, si vous y échappiez, quand même, vous n'irez pas pourtant bien loin ... il n'est pas si long que ça ce corridor! — —

Et cependant, qui sait — lui, il croit l'avoir su autrefois, il lui semble même le sentir, le flairer ... à présent — — si cet océan final — la mort, qui entoure notre Ile du Diable — n'a pas quelque part ... à quelque distance lointaine ... quelque point où un nouveau Sec commence ...! Qui sait, si cette étendue noire, fatale, finale ..... qui nous entoure, ne relie cette *Ile* ..... à un autre Continent, plus libre, plus spacieux, mieux conditionné, mieux aéré ..... plus adapté à notre être!... Enfin, le continent primitif, où Homo est né... dont il n'a plus souvenir réel..... mais, quand-même... dont il se croit rémémorer... pourtant!

Ah! où est le Christophe Colomb qui pût aller nous le découvrir, ce nouveau Continent!... Hélas! de cette navigation là, moins encore que de celles effectuées aux extrêmes pôles, personne n'est revenu!!! — — —

C'est qu'on ne franchit pas impunément le filet maritime établi autour de l'*Ile du Diable!*.... des canons électriques sont là... sur ces hauteurs...qui vous guettent et qui vous foudroient à la première tentative d'évasion.

— — — — — — — — — —

Telle donc, tel ce fleuve dans cette plaine, sa vie charrie péniblement tout son être, ses moments, ses jours, ses ans, tout son ensemble pour le jeter dans l'anéantissement.

— „Il n'est pas final, il est apparent plutôt en vertu du Relatif qui seul est *absolu* dans ce monde."...

Ah! vous parlez donc du Relatif..... moi, je parle d'Homo, — l'humain et son relatif, l'atome qui le constitue Lui, — Homo, c'est tout l'organisme, tout entier. Mais soit! l'atome d'abord, le Relatif, l'humain. Or, cela soutient la Thèse.

Quel nom, alors, donnez-vous à cela..... à cet anéantissement? Ah, je saisis : vous imaginez un tunnel par lequel le train passe rapidement, dans son horreur de l'ombre.... mais, dites-vous, le train ne tarde pas de rentrer dans la voie ouverte, sur la ligne éclairée. — —

Bon ! moi, j'ai parlé d'un fleuve et j'ai appelé le tunnel — sinuosité, courbe, coude, au bout de certains intervalles chroniques sur le parcours des flots. J'ai parlé de l'homme et j'ai appelé le tunnel — repos, nuitée; sommeil quotidien : petite halte après des marches plus ou moins fatigantes.

Je parle d'Homo et j'appelle votre tunnel — anéantissement périodique — la *mort* —.

Or, bon ! je vous comprends encore : Puisque Homo ne cesse point par cette Cessation-là, il n'est donc point anéanti par cet anéantissement, il ne meurt donc pas par cette Mort qui est votre tunnel à vous :... sur une route circulaire — — autrement je ne concevrais pas votre exemple — — Le train y disparait pour reparaître bientôt sur son orbite —.

Hélas ! mais là précisément est la marque de la Condamnation ! là la pesanteur de la fatale Destinée ! — Le fleuve entraînera toujours ses masses à travers la plaine pour les jeter dans la nappe — cette nappe inconnue pour lui qui le guette là-bas... au bout —. Or, il s'en relèvera toujours dans les vapeurs, pour retomber toujours sur le sommet... où est la source primitive — aussi mystérieuse — de son pénible train à travers le sable. Mais, de ce cercle, de cette orbite, il n'en sortira jamais !...:

Les myriades de vies qui composent la vie de l'être se meurent sans cesse et régénèrent sans cesse, quotidiennement, dans l'être. A son tour, l'ensemble de l'être, l'invidu n'est qu'une longue, une plus longue journée, au bout de laquelle se trouve le long, le plus long sommeil... la mort qui ne semble point stérile mais qui, au contraire, pourrait bien être la sémence, l'impulsion de l'existence toujours renaissante dans Homo le grand individu, la somme des individus humains, dans Homo la Journée d'„Eternité", l'incommensurable journée — Et, en effet, quand on a bien saisi le système de cette terre, cela est facilement compréhensible — Nous lui empruntons tout et lui rendons tout et lui empruntons de nouveau, sans fin, pour lui tout rendre sans fin — — dans les plantes, dans l'arbre, par exemple, cela est grossièrement visible.

Or, pour s'exprimer, dans la faiblesse de son langage par „Journée éternelle" cette longue journée que l'est Homo ne peut pas être sans sommeil — au bout — ne peut pas ne pas subir la loi générale du système — ce vaste fleuve a donc, doit donc avoir, lui aussi son océan déstructeur qui le guette au bout... Homo, un beau soir s'endormira donc, mourra!!!...

— Sans doute, pour se réveiller le lendemain, à intervalle plus long, s'entend, pour rénaître, pour se régénerer, en recommençant par la source, par l'enfance... sans doute, il le doit, puisque telle est la loi et que lui-même Homo, n'est qu'un atome dans un Tout plus grand... Je ne dis pas le plus grand — là il ne serait même pas atome de l'atome, mais j'entends, dans celui dont sa nature, dont la nature d'Homo compose en partie la nature, l'organisme... enfin, celui, peut-être, qu'il appelle son Dieu —.

Donc, il y aura toujours cercle pour lui, donc il y aura toujours internément..... toujours cette *Ile*, hélas!...

Notez que je ne parle point, ici, de la nature de son Esprit, de son Essence même, de lui, Homo lui-même... libre! mais de son existence d'ici, de cette Ile, de sa vie d'emprisonnement. Son âme, elle, par elle-même, ne peut être que l'atome que l'individu dans un collectif de monde, dans une société d'âmes tout autres, tout différentes — je l'ai déjà dit — de la nature des choses et des intelligences d'ici-bas. Or, l'âme d'homo, l'esprit d'Homo ont fini par ne plus concevoir, dans leur abattement, dans leur internement, ce monde suprême!... L'Etre supérieur même que cette âme rêve, l'univers le plus élevé même que cet esprit conçoit ne sont que le rêve que la conception possible dans la prison.

Il n'y a rien de plus élastique ici bas que l'âme humaine, mais hélas! rien non plus de plus comprimable!

Dans les extrêmes ténèbres elle ne désire qu'un, qu'un seul, le premier, le prochain degré de lumière ... tout son rêve est concentré là; là seulement. Dans l'extrême misère elle n'invoque qu'un peu, que la première, la moindre dose de bien-être — seulement de degré en degré elle va jusqu'à l'Infini des infinis.

C'est une sorte de myopie heureuse, bienfaisante pour elle — sans cela!... si elle pouvait voir son vrai monde, son vrai Dieu... et... avec cela être ici, parmi *cela!!!*

Eh bien oui, elle est capable de grimper toute l'échelle de Jacob... degré à degré, toute l'échelle! — elle ne finit pas —.

Seulement épandez les nuages, en haut... n'importe où, n'importe à quelle hauteur. — Où commencera alors le ciel?... Là... où vous voyez les nuages....

Mais, il est donc haut le ciel! et pourtant on dirait... cela semble être ici — tout près!...

Vous croyez? — Essayez donc d'y toucher de votre doigt!... Ah, c'est qu'il y a l'illusion... mais, on vous dit, c'est le ciel,... c'est haut cela, comprenez! atteignez y donc!...

Aussi ont-ils fini, les hommes, par imaginer plusieurs cieux: tout en admettant que c'était cela... ce nuage, ils se souvenaient, ils semblaient se souvenir pourtant d'un autre ciel... un peu plus haut, plus azuré et, quand ils l'ont vu, quand il s'est découvert ... ils trouvaient que ce n'était pas encore cela!...

Mesurez donc votre firmament le plus profond, le plus serein, ici, dans votre Occident — et comparez le à celui de l'Orient — vous me direz, alors, s'il n'y en a pas un plus profond, plus haut, plus azuré que le vôtre. Mais, là, aussi, ils sont plusieurs, les cieux!... de divers azurs, de différentes hauteurs!...

Mais, finalement — ils ont vu les hommes, qu'ils avaient été trompés, et ils ont perdu confiance.

Alors, tous les cieux sont devenus adjacents, se sont tous confondus dans un plan — celui-ci que vous voyez là-bas!... quand ils croyaient encore au ciel, à l'existence d'un ciel, les humains.

— Or, il en est devenu de même pour les Dieux et pour les mondes de l'âme, de l'esprit.

Quant le citoyen est libre, son plus grand est son Elu, son chef souverain —; en prison ... qui donc y voit-il de plus grand que le directeur, son Directeur de prison. — Eh bien, il lui accorde toute la somme de respect forcé qui est en lui — la même somme qu'auparavant, libre, il n'accordait qu'à l'empereur — à l'élu au chef souverain. —

— L'âme s'est rétrécie, l'intelligence s'est bornée, dans l'abattement de la vie des quatre murs. — Pour le génie le chef est Dieu; — pour l'esprit c'est le génie — pour l'intelligence normale — c'est l'esprit — pour le vulgaire — c'est l'intelligence normale.

Notre âme, l'âme d'Homo a donc perdu la notion de son premier ciel — notre esprit a donc confondu son premier Dieu avec cela... ce Bas — de la première hauteur — là — ce Nuage mystérieux et constant.

Pourquoi? — A cause de sa prison — le plafond — les murs — les grillages lui barrent tout, lui interceptent tout espace, en dehors de cet espace où il peut encore se mouvoir — pas même toujours!...

Elle s'est rétrécie, elle s'est bornée, puisqu'on l'a rétrécie et bornée. — Elle est dans la *Case!*

───────────

Qu'est-ce que cela? — Sa Case?... On vous l'a dit: les murs de son intelligence refoulée, les parois de son âme comprimée — or, cette intelligence ne peut bien voir, ne peut recevoir son coup de génie — les rayons premiers qu'à travers d'une étroite grille — heureux encore s'il n'y a pas là-bas, de l'autre côté... un horrible abat-jour qui lui falsifie cette lumière, qui ne lui présente les rayons à boire que dans une coupe d'ombres....

Or, cette âme ne peut rêver autrement qu'à travers les carrés de ces noires barres de fer....

Ah! tyrans, votre instinct vous a révélé cette élasticité dans le cœur humain et vous l'avez crainte, et vous y avez découvert la comprimabilité ... et vous avez fait descendre le ciel au niveau des nuages ... et vous avez rendu le cœur petit... l'âme étroite, l'esprit enfermé ... cela est digne de vous ... votre sujet n'osera plus imaginer, n'imaginera plus que rarement ... très rarement de plus grands que vous.... Mais, êtes-vous petits pour ne pouvoir être grands que par la petitesse! êtes-vous bas, pour avoir besoin de rabaisser encore!...

Oh toi! Cruel!!! Tyran des tyrans, Dieu des âmes rétrécies, Grand Infini des esprits comprimés! Toi, tu es encore plus méchant qu'eux tous et ... il me semble aussi plus petit... plus bas par ton essence qu'eux tous, ceux d'Ici-bas.... Car, ne sort tyran des hommes que celui qui se sent l'inférieur de tous les hommes ... et, plus la créature s'est sentie petite, plus sa tyrannie est devenue intense — Le serpent que chacun peut fouler au pied, écraser facilement mord chacun et plonge son dard jusque dans les pierres, dans son moment de rage ... et se tient de préférence enroulé vers le sommet des arbres, d'où il guette tout, épie tout, surveille tout, fait sa proie de tout....

* * *

Ne confondons pas. Le Juif est sur son *Ile du Diable*, sa terre de déportation, ses quelques dix mètres où le séjour lui est permis ... il y a son Ghetto et, hélas! même la prison ... la *case* et, pour comble, même, au besoin, les fers ... les chaînes de l'Inquisition....

L'*Ile* ... cette ronde île séparée du reste du monde, par un fluide infranchissable! Cette Ile où il est interné et qu'il ne peut point quitter, y étant relégué à perpétuité....

Ce Globe enfin, dont l'homme ne sortira jamais! jamais! jamais!... où il est condamné à végéter éternellement... tant que son éternité durera.... Hélas! pour l'effrayer d'avantage, pour le condamner double... sans espoir... sans lui laisser l'espoir, sans lui permettre de jamais rêver l'affranchissement et, surtout pour l'y faire, à son Ile du Diable, pour lui rendre doux le poison... pour lui faire dire: Je me trouve encore bien, fort bien! je suis sot, je suis criminel de me plaindre..., on lui indique en face ... un roc encore plus stérile... tout-à-fait désert ... une île en décombre... un gouffre saillant... où règne déjà le néant... où la perpétuité de misère a fini, s'est terminée en un pâle et calme cadavre....

Hélas! imaginez une vieille, vielle, fort vieille prison...blanche, grise, aux couleurs des plus sinistres que vous puissiez avoir vues dans une prison. Mais celle-ci, imaginez-la, la plus vieille... trop vieille pour servir....

Ah! je vois tous les tableaux noirs et rouges qui se succèdent dans votre esprit, pendant que vos regards plongent dans cet intérieur cellulaire.... Vous vous dites, en étouffant un immense soupir: „Ah! mon Dieu! mon Dieu! que de misérables êtres ont fini ici!... que de larmes y ont coulé... que de sang y suintait à travers de combien de corps vivants, chauds, enfiévrés!...

Eh bien, c'est ce qu'on montre au Juif de l'Ile du Diable... là-bas... en face de lui. C'est tout à fait cela... tout-à-fait! une prison qui ne sert plus, mais qui est terrible, rien que d'y penser; hideuse! oh! qu'elle est hideuse, cette Ridée-là, cette Morte en état d'une putréfaction qui commence!!!...

Eh bien, c'est cela qu'on lui indique là-bas... ce décorum qu'on lui laisse de ce côté-ci pour amuser ses blêmes loisirs... pour distraire ses pâles et tristes pensées; c'est cette prison-là... en état de ruine, cet ilot là-bas où l'on ne relègue plus, mais qu'on montre au Juif!!!...

Pourquoi le fait-on? — Pourquoi?!... dans un but de bienfaisance probablement.... On le fait... mais, voyez-vous pourquoi on le fait: Il pourrait trop souffrir.... Or, on lui dit qu'il pourrait encore souffrir d'avantage, s'il affecte de ne pas être content..., s'il pêche, si le *Directeur* de la prison, de l'Ile du Diable n'est pas satisfait de lui.... Or, voyez! c'est admirable... cela produit son effet.... Voyez, il a fini par ne plus se révolter — il trouve, maintenant, le poison bien doux — là-bas, celui-là... est plus amer, oh combien affreusement plus amer! Oh! combien de terreur cela inspire, quand on y songe même en fermant les yeux, même quand on ne veut plus revoir cela....

Dieu cruel! Grand Boa enroulé autour de l'infini sommet de l'incommensurable arbre d'où tu nous guettes! pourquoi as tu orné tes vipères de si brillantes coucouleurs! Tu leur as donné tant d'éclat, tu as brodé leurs enveloppes de tant de saphirs, d'or et d'argent que jadis, dans les temps premiers, au lieu de les fuir, l'homme courait vers elles, vers ces vipères.... Là est ton Génie, la divinité malfaisante qui est en toi! —

Au début, quand le prisonnier y fut installé sur son Ile du Diable, il ignorait encore longtemps, fort longtemps toute l'horreur que cet ilot voisin exprimait, toute la menace qu'elle contenait. — Bien, au contraire, jusqu'à récemment... jusqu'au jour où il apprit sa cruelle signification, cette île voisine lui charmait ses nuits d'insomnies... par le blême de son reflet qu'il trouvait serein, beau et qui lui inspirait tant de nobles rêves!... Ah! du moins, si on lui avait laissé son rêve! Si l'on se réservait de lui tout dire au dernier moment seulement! — Non! on était plus méchant et on lui a enlevé jusqu'à ce bonheur!...

Un jour, en effet, il sut toute la vérité, tout un gouffre s'ouvrit devant lui... il a vu toutes les ténèbres, toutes leurs épaisseurs dans la révélation faite et, dès ce jour, il n'ignore plus son sort, il n'est plus dupe de sa destinée, il n'invoque plus ceux qui l'ont condamné... il n'a plus confiance en eux.... il a deviné leur nature... il a compris leur essence... ils ne reviendront plus sur leur décision. En vain toute prière, toute tentative pour obtenir la revision du procès!... ils n'y reviendront plus!...

Or, ce qui se révéla ici, devant lui, cet ilot-là, en quelque sorte semblable à son île à lui, à l'Ile du Diable, ce qu'il y a découvert, c'était de l'absolue, de l'implacable méchanceté qui ne pouvait tenir que de cette Méchanceté là!... là-bas..... dans l'âme de ceux qui gouvernent... Or, ce qui est méchant ne peut pas être bon, ne le saurait jamais être... à moins que cela ne change de substance — Le tigre devient-il donc brebis?!...

Aussi Homo n'espère-t-il plus, il n'attend plus rien ; il s'est résigné, car il a vu... il comprend maintenant tout — il ne se fait plus d'allusion sur sa fin... elle est là... en face de lui..... elle ne lui dit que trop clairement : D'abord, l'Ile du Diable, il ne la quittera plus... puisque l'on tient absolument à l'y acclimater — — Autrement, s'il en fut autrement, pourquoi donc lui a-t-on ouvert *cela*... devant ses yeux? oui ! pourquoi lui a-t-on dit : vois : Il y a pis que l'Ile du Diable... Tu n'as donc qu'à te bien tenir ici... ne pas te plaindre, ne pas te récrier, surtout ne pas blasphêmer...

Sans cela...

— Ensuite — soit! bon! Il s'est résigné, il se résignera encore d'avantage à vivre toujours sur son Ile... Bon! il y mourra dans une suprême résignation... Or, une faible consolation lui reste encore, pour le moment fatal : Il y mourra, mourra!... c'est triste, c'est cruel... Mais, enfin!... il y mourra... sans jamais revenir vers les siens! adieu! adieu! tout rêve, tout espoir dans ce sens. Bon! il augmentera encore la résignation, il étouffera les saignées de son âme! il absorbera une double, triple, quintuple potion de son poison, la résignation! Mais, s'il ne reverra plus jamais les siens... du moins, qu'il pussent eux, un jour découvrir ses os, ses froids os... ses cendres pour le moins!... qu'ils découvrent cela... qu'ils y arrivent, s'y arrêtent, y pleurent..... Que voulez-vous, c'est encore une sonsolation..... non après la mort, mais avant que d'expirer sur une Ile étrangère...

O Cruauté! ô Méchanceté sans fin! Non! pas même cela! pas même cette misérable consolation! Il mourra sur son Ile, il y aura sa tombe, ... cela durera un jour! Puis, un jour cette Ile ..... toute cette Ile, à son tour expiera ses crimes, elle aussi s'effondrera, pâlira, s'achèvera, se stérilisera et retombera en néant ... telle cette Ile là, en face, déchirée, décolorée, morne, morte! — — — — —
— — — — — — — —

Nulle âme vivante n'y naîtra plus, n'y paraîtra, n'en approchera plus jamais ..... et si, un jour, de lointain, un autre pauvre prisonnier la contemplera il ne saura même pas, pour longtemps, ce que c'est, ce que cela fait là-bas et, si jamais un être vivant y habitait, y agonisait ... s'y est éteint!

Voici donc la liste invariable des choses qu'il y voit, autour — D'abord cette Boule-marâtre, la Superposée de l'*Ile* et qui fort avaricieusement, lui distribue, chaque jour, les vivres, à lui, à toutes ces brutes, à toute l'*Ile* —. Les vivres dans une prison ..... vous savez ce que c'est! ... Il n'en aura point chaque fois qu'il le désire, qu'il s'en meurt, mais, quand on voudra bien lui en apporter et, encore, après l'avoir fait tant souffrir! après tant de grondements, de tempêtes, des coups de grêles, de soufflets de bourrasques! ...

Mais, la Mégère y ajoute si prodigieusement tant de pestes, d'épidémies, des maux de toute sorte, des légions de miasmes, des armées de microbres... dans ses rations quotidiennes! ...

Et puis, ce peu des grossières fêtes mêmes qu'elle donne quelquefois — oh! fort rarement — au moindre capprice elle le lui retire — Rit-elle donc toujours la marâtre Superposée?!...

Hélas! et, alors même qu'elle vient le chauffer, le caresser bestialement, elle le cuit, l'inonde d'une sueur malsaine, l'incommode plus qu'elle ne le chauffe, qu'elle ne lui fait du bien, cette grosse Boule solaire!... C'est que tout est grossier et maladroit à la fois, c'est que tout sent la geôlière dans cette substance là...

Et, pour comble, tout dépend d'elle! rien ne saurait se faire sans elle!!!...

*Ceci* ... de ce côté: le siège de l'Administration immédiate, de la Superintendante Geôlière . . . . . De l'autre, hélas! nous l'avons dit ... *Çà!* — le Globe de la Décrépitude extrême, du final anéantissement, cette épée de Damoclès, nouveau-genre.... servant d'avertissement, disant: Regardez: j'ai fini... vous finirez aussi, toi le prisonnier ... et toi, son Ile!, vous finirez, ainsi ... comme moi ... N'ai-je pas fini?!...

Vous finirez donc . . . . . Et, Satan qui ajoute: „Bravo! c'est bien! parle lui toujours de la sorte...: cela le corrigera d'une erreur."...

Oui, çà, constamment devant ses regards, s'incrustant dans ses regards. Çà ... tout proche, plus visible, plus saillant, cet Ilot du Styx ... voisin!... Ce monde en ruines ... cet Arc-de-Titus d'un univers ... cet Arc de triomphe de Satan! — — —

— — — — — — — — —

Hélas! mais ce qui le supplicie, le Malheureux, mais ce qui lui donne la fièvre du désespoir, mais ce

qui fait sa soif pour son monde à lui ... voyez!...
de l'autre côté ...... au delà du Globe éteint ...
dans le lointain vague, dans un univers d'azur ...
là, il voit un infini de vies qui flambent d'un pur
éclat, qui s'agitent dans une douce harmonie, qui
valsent avec tant de rythme et de cadence, qui se
meuvent si gaiment, qui brillent avec tant de splen-
deur ... dans ce salon d'Ether ... dans ce bal céleste ... dans ce monde de doux azur! — — —
— — — — — — — — — — — — — — — —

Et, lui ... Ici!... Et, en face de lui ..... toujours *Çà*, le spectre de la Décrépitude, le livre où il
lit: „La Mort" .....

— — ? ! ? — — Eh bien! quel œil d'aspic donc,
quel brûlant dard de vipère que ce disque lunnaire!
quel atroce vénin il infiltre dans notre âme, ce globe
chauve — du mois! — Ah! poëtes, chantez le dans
votre ignorance!... Ce Monde-Cadavre que la Main-
Méchante a suspendu sur vos têtes, telle une constante
vision funeste, tel un funèbre miroir de la *Fin-Tout*
... de la fin de vous, de la fin de votre séjour, de
la fin de l'Ile ... de ce monde, de notre Tout, Tout,
Tout!!! de notre Rêve, de nos Espérances, de nos
Travaux, de nos Œuvres, de nos Pensées!!!... cette
éternelle Menace!!!

Oh, Satan, si grand par la Déstruction! ô Créateur du Néant! quelle tête de Mort, hideuse, hâve,
avec ses jaunes rides, quel globe cimetière nous as-tu
mis là, là, près du nez, quel affreux spectre, quel cruel
épouvantail, constamment, devant le nez, devant les
yeux!!! ...

Ah! qui ne dévine pas ton cruel laconisme! Qui ne comprend pas ce que tu veux nous dire par là ... par cette Initiale que tu as gravée là-dedans en poison ardent ... et qui nous dis ce que nous deviendrons ..... ce qu'il nous reste encore à espérer et, combien Dieu est clément!!!...

— — — — — — — — — — —
— — — — — — — — — — —

Oh! mais, regardez donc bien, poëtes en délires! voyez quel regard cynique! quelle face! quel rictus dégouttant! quel rire hideux, féroce, moqueur, implacable!!!... Ah! petits yeux myopes! vous n'y voyez pas Béelzébuth! vous n'y dévinez pas le Démon de la Mort!!! —

— — — — — — — — — — ?

— Pas cette froide agglomération de pierres, ces cendres d'une vie que tu as tuée, Satan! Mais ce rictus, ce rictus que tu as composé sur leur face, mais la pâle mine que tu as peinte sur cet anéantissement, mais la façon dont tu as disposé ces débris, mais le chiffre que tu as écrit sur ce jaune front... mais les quadrans que tu leur fais faire continuellement devant nos regards, pour nous montrer : *comment cela commence ..... comment cela se fait, ce que cela devient ... combien de temps cela brille... ce que cela se devient ... où cela s'en va?*

— — — — — — — — — — —

Cet ancien Globe, jadis fait à l'image de notre Globe — —!!!

Ah! ce que tu nous veux dire par là! l'Espoir que tu nous laisse est facile à comprendre!

Assez! Invisible Despote! assez! arrête! nous avons vu, déjà trop vu, trop compris! Assez! arrête! enlève ce spectre, ôte donc cet épouvantail devant nos yeux! Hélas! nous ne l'avons déjà que trop vu! Nous en avons compris tout le sens! Nous sommes déjà corrigé! à jamais corrigé, de nos erreurs! Nous savons déjà que penser de la clémence divine, quelles doivent être nos espérances... comment cela finira, toute notre Ile du Diable!...

— — — — — — — —

Ah! Béelzébuth! tout est compris, à jamais compris! N'est-ce pas ton être à toi, toi-même, qui es caché derrière ces débris d'un monde que tu as re-créé, mécréé en Déstruction?! N'est-ce pas ton regard démoniaque qui luit là..... par ces hâves cavités?!...

Ohhh!!! Je frissonne! horreur! cela effraie, cela épouvante, empoisonne, cela tue!!!...

... On dirait que c'est toi qui y ris Nahas, de toutes tes dents satanesques, comme tu le fais encore dans l'osseuse face du squelette humain!..... Car, on dirait qu'elle est toujours animée la face de notre squelette... après notre mort,..... mais, de quel affreux souffle, mais de quel rayon d'enfer, de quelle lumière repoussante, quels tons hideux, quelle âme cynique y plane!... Elle rit... mais de quel rire!!! combien répugnant! terrible... celui de l'assassin dans les ténèbres..... celui des dents de baleine... aiguës et blanches... dans la noire face d'un cannibale... Toi!!!

Descendez donc de votre Mont du Mensonge, théologiens! Toi qui t'intitule „St-Père" des humains, descends! descends de ta fausse hauteur! Descends! te dis-je! Inutile désormais de nous exalter la miséricorde d'un Dieu-Protecteur! En vain! ne parle plus! tu mens! tu mens! Vous mentez théologiens, stupides ou hypocrites! Vous nous avez bercé, dans de cruelles illusions..... vous nous avez parlé de l'Affranchissement final, d'un retour triomphal!

Or! hommes infortunés, ne prêtez plus l'oreille à ces impostures! voyez plutôt de ce côté-ci..... entendez plutôt cette voix... Or, voyez, écoutez, depuis l'origine de votre existence, vous avez éternellement interrogé les hommes et les dieux sur le sort qui vous attend, vous avez fatigué tous les oracles par vos interrogations sur votre fin, sur votre dernier jour — — quand depuis votre naissance vous l'avez... écrit là... en face de votre front..... chaque fois que la tombe de chaque journée vint s'emparer de vous, momentanément... voyez l'avertissement que vous donne, en haut cette planète de l'éternel néant! voyez combien explicitement, elle vous parle ... voyez combien elle vous regarde persistamment dans vos yeux... voyez comment, infatigablement, avec la patience d'une maîtresse d'école devant des élèves mésintelligents, elle compose et décompose ses quadrans: l'origine, la marche, l'arrivée, la fin!

Voyez! ne vous laissez donc plus tromper! Ne nous égarez donc plus, ô prêtres et votre chef! Déscendez donc de vos sommités mensongères, sinon: les hommes viendront vous dire bientôt que vous êtes les disciples, les complices, les vendus de Satan! que vous ne nous bercez dans vos scélérates illusions que pour permettre à Béelzébuth de nous précipiter plus bas encore que l'Enfer ... vous, qui nous parlez d'un Paradis!

On te dira „Saint-Père", que tu es l'Avocat du Diable ... ou, plutôt, non! non! tu es bien dans ton rôle! Restez prêtres! demeurez apôtres! siège! siège! trône „St-Père" .... vous êtes bien ainsi! vous êtes dans votre rôle, vous dis-je, o cruels imposteurs! vous avez raison de vous réclamer de Lui ... de Dieu ... votre Dieu ..... puisque le Grand Imposteur c'est Lui!

— — — — — — — — — — — —
— — — — — Lui! — — — — —

— — Lui! et non Toi Satan! ah pardonne! pardonne! non toi Satan! je t'ai accusé injustement! Non toi, non! Toi, tu n'es point le Méchant, n'obéis tu pas à tes ordres? ou plutôt n'es tu pas le rival? n'est-ce pas toi qui es le Sincère, le Vrai, l'Ami et qui viens nous avertir, nous crier constamment: Gare à vous! ô pauvres humains! on vous a séduits, on vous a menti, on vous trompe, on vous assassine lentement, en vous engageant doucement, par d'imperceptibles liens dans la tyrannie d'une cruelle et longue Destinée!

Gare à vous! On vous parle du ciel ... et on ne vous laisse même pas la terre, toute la terre ... On vous parle de la vie éternelle ... or, voyez! ce Globe-ci, où je siège et d'où je vous fais des signes désespérés dedius l'Eternité ... pour vous avertir ... Eh bien, ce Globe, cette planète, elle aussi un jour a vécu, a été bercé dans d'infinies illusions. Ici aussi des êtres ont vécu, ont souffert, car..... cela aussi était une île de rélégation, jadis. Or, ici aussi il y avait une foule de prêtres chantant Dieu et des églises de louanges au créateur de la miséricorde, et un pape qui siégeait sur ces Saintes Pierres... tous ils prédisaient à l'être, au prisonnier, des délices d'une autre vie... Or, les voici ces délices! le voici l'Empyrée, le voici le Paradis promis!... Or, la voici la Clémence de Dieu, voyez sa miséricorde... ne le voyez-vous pas dans cette masse de pierres déséchées, dans ces cendres d'un monde, d'une vie, des êtres, de leurs souffrances, de leurs espoirs...

———————————

Oh toi, qu'on appelle Satan, excuse! Satan n'est pas terrible, n'est pas méchant, Satan ne trompe pas, Satan est sincère, Satan est l'Ami qui ne peut agir hélas! que passivement!!!

Ah! je comprends maintenant, ô grand, ô bon Béelzébuth! le blanc linceuil dont tu as enveloppé ce cadavre suspendu là... ce rire livide... cette objecte grimace là..... tout cela n'est qu'une instruction....

Ah! on t'appelle la substance méchante! Qui sait si ce n'est là que la substance vengeresse, que l'Ame de la Justice révoltée! Qui sait si ta virginité jadis n'a pas été séduite par la même force du Grand Imposteur, si, toi, à ton tour ne fus au premiers jours un globe de vie, de rêve, d'enthousiasme et de louange pour celui qu'on appelle le Créateur, si, à ton tour tu ne fus cruellement précipité dans l'abime, si tu n'es, là à présent, toi aussi une planète de mort, comme cette planète, et la *Méchanceté* n'est qu'un clément avertisement exprimé en rictus comme il l'est sur ce Globe-Cadavre. Qui sait si tu n'es le Cadavre d'un Infini qui a cessé?!! et...

— — — — — — — — —

Hélas! hélas! hélas! pour quels nouveaux univers éclos à la souffrance, notre globe à nous, notre Ile du Diable, sera-t-elle, là, à son tour, avec une lividité égale un rictus pareil, une grimace indentique pour servir d'épouvantail, de spectre, de symbole de la Fin finale, un avertissement de Satan séduit, trompé, violé, précipité, anéanti !!!!...

— — — — — — — — —

\* \* \*

Cela... c'est l'*Ile.* —.

\* \* \*
\* \* \*

Or, cette Ile du Diable où le Juif est interné a aussi son Ghetto... Car, on ne l'y laisse même pas, sur cette terre-là, se mouvoir partout... à son gré. Il y a encore des murailles frontières en dehors desquelles il ne saurait que rarement, fort rarement, presque jamais s'aventurer..... La Nature de l'Ile l'exige, puisque c'est une terre d'Exil !...

Comment est-il ce Ghetto? — Comme un Ghetto, comme tout Ghetto... Les murailles sont telles, ses ombres telles, son peu d'espace tel, sa nature labyrinthique, aux ruelles tortueuses, mais pas trop longues, ni trop nombreuses, en réalité, est telle... cette Nature qui ne laisse pas trop faire... se trop mouvoir... trop désirer... trop relever la tête.... ni trop espérer pour trop-tôt... ni trop de lumière..... ni trop de choses à l'état pur; le rêve, le sublime rêve, l'espérance, la grande Espérance, le Méssianisme délibérateur, le vaste Songe, exceptés ! — — — —

Mais, ce qui fait le caractéristique du Ghetto, c'est le genre des débouchés, les seules ressources, le trop peu de branches qu'il laisse, à l'activité de l'Exilé —. Oh! pas trop nombreux non plus, ces débouchés, toujours presque les mêmes, ces ressources! pas trop variées !...

Mais ce qui leur donne leur signe particulier, c'est ce vil cachet — — de bas intérêt, d'étroit égoisme, d'ignoble cupidité — — qu'on s'est acharné d'y apposer —.

Nous l'avons dit: cette vie quotidienne s'écoulera en vie de boutique... l'échange, le misérable négoce — pour répondre à la première nécessité de l'existence.

Cela deviendra, avec le temps, le haut Négoce, le vaste commerce, la grande Banque de la spéculation humaine — Car, on y a ouvert, dans ce Ghetto un grand marché d'Echange où tout afflue... On y a fait des expériences... on les a amassées, en petites expériences, prix des peines, en petites pièces, en menue monnaie... dont on a composé de vastes capitaux, la Grande Banque de la Science, dont les propriétaires sont Dallostrologo Savant & C$^{ie}$.

Ah! un jour elle croûlera, cette Banque!... elle a même déjà fait plusieurs banqueroutes par le passé!... Que cela fait!... Pour le moment on lui accorde le plus grand crédit, sa moindre émission, sa signature, sa griffe, mais — il n'y a que cela! Mais cela a du prix, une immense valeur... mais il n'y a rien en dehors de cela! Essayez donc de vouloir la discréditer... on vous traitera du dernier des imbéciles!

Soit! puisque c'est encore une consolation, puisque cela donne encore de la force apparente, de l'apparente grandeur au Juif... du Ghetto!

———————————————————

\* \* \*
\* \* \*

Puisqu'il y a marché, il y a aussi des marchands, cela se saisit. Or, qui dit marchand dit concurrent. D'où petites mesquineries, petites jalousies, petites haines, mesquines querelles issues de la rivalité, d'où guerres quotidiennes, même sanglantes... Le Juif qui saigne le Juif! Homo qui se saigne... qui se tord les mains à lui même, ses propres mains, qui se frappe la tête contre les murs de sa prison, sa propre tête; qui s'arrache les cheveux, ses propres cheveux... Hélas! que voulez-vous, il est dans un état d'âme anormale, il a d'étranges humeurs, puisqu'il souffre, puisqu'il ne peut pas s'accommoder de cette Existence là.....
Puisqu'il est sur une terre d'Exil, interné!!! puisqu'il n'en sortira jamais, puisque tout est si misérable autour de lui et, en lui... puisque Satan règne ici, et

qu'il y est partout! partout, jusqu'en son Ghetto, jusqu'en sa prison, jusqu'en lui-même, en Homo-même!...

— — — — — — — — — —

Cependant, Béelzébuth a, paraît-il, savamment organisé les choses dans son Ghetto. En effet, on dirait qu'ici les maux ne sont des maux que lorsqu'ils sont petits ..... les crimes ne sont crimes que lorsqu'ils sont délits...

Ah! mais, lorsque cela grossit, quand cela devient immense... on n'en voit plus rien, excepté la grandeur... et l'on admire la grandeur, cette grandeur du mal qu'on ne voit plus...!. On la célèbre avec pompe!... On lui dresse des arcs de triomphe, on donne des lauriers aux criminels, on les couronne... On inscrit leur noms dans l'Histoire, comme exemples dignes d'être imités, on grave leurs histoires sur le marbre, on met leurs bustes sur les places publiques et... Satan est là qui rit à dents ouvertes et qui dit: Bravo! bravo à moi! Voyez comme je sais faire passer mes grandeurs à moi! admirez mes œuvres! Voyez comme mon génie sait les faire admirer! — — — — — — — —

— — — — — — — — — —

Faut-il vous le prouver? — Or, voyez ce qui s'y passe quoidiennement, au Ghetto —. D'abord ils croient être là, ces gens, pour se dévorer les uns les autres — Homo exaspéré qui croit se soulager en essayant de s'anéantir.... Ensuite, voyez: voici deux petits juifs qui se chamaillent; la police de la communauté est immédiatement sur les lieux; elle frappe l'un, frappe l'autre, incarcère les deux, au besoin; les condamne, s'il le faut, et exécute... les punit.

L'un a tué l'autre, eh bien, on le lapidera celui qui a tué et, c'est fort juste — le Tribunal d'Homo, — sa conscience condamne en son organisme même tout ce qui est de nature à lui porter dommage — — la Communauté du Ghetto, comme pour marquer sa méfiance envers la Justice extérieure... de cette Terre d'Exil, fait sa justice elle-même, selon ses propres intérêts... ses intérêts généraux — elle s'est disciplinée elle-même — toujours dans son propre intérêt — dans celui de la santé de l'organisme — Fort bien, c'est très naturel.... Il est vrai que l'Administration de l'Ile a tout intérêt, elle même, à la conservation du Ghetto et de l'Exilé — la Communauté — afin de perpétuer son exil, d'éterniser ses maux. Et, s'il n'y a pas de Grande Justice, soyez certain que la petite justice y existe toujours.

Elle ne permettra pas, l'Administration, qu'un membre porte dommage à l'autre et arrive ainsi à l'anéantissement graduel d'Homo, à l'anéantissement quasi volontaire; non! elle se réserve, elle-même, ce privilège de faire souffrir et... d'anéantir un jour....

N'empêche que le Juif sur l'*Ile du Diable*, dans son Ghetto — tant qu'il est dans un état d'âme normal — ait sa propre discipline, sa propre police, cherche à se conserver lui-même, par lui-même, tant que cela dépend de lui-même —. La Communauté du Ghetto punira donc les petis Juifs, ses petits membres qui se querelleront, feront du tapage, se chamailleront, se voleront ou, s'entr'tueront. —

Mais voici que se lève un grand querelleur, un organisateur de partisans, des groupes qu'il jette sur ces autres groupes pour les anéantir, pour tuer des milliers d'habitants au Ghetto... Or... pour ses partisans... ceux qui siégeaient hier, au tribunal, condamnant les deux petits Juifs qui se sont chamaillés, pour ses partisans, pour les partisans du grand Chamailleur, disons-nous, loin d'être puni il est déjà grand, déjà génial, à jamais déjà immortel!!! le grand Querelleur —.

Mais... pour peu qu'il renverse, qu'il supprime, qu'il terrasse ses adversaires!... Sapristi!... Mais, il n'y aura plus personne, là, pour contester sa grandeur!... Le voici déjà chef, incontestable chef de la Communauté! le voici déjà divinisé... à tout jamais divin! Lisez, pour vous en convaincre, les livres qu'on écrit sur son compte... voyez ses biographies qu'on illustre!... Entendez les maîtres d'école apprendre aux petits... aux futurs, la grandeur de son histoire... et le respect qu'ils doivent lui porter, un jour... à ce libérateur de leur Communauté! — —

— — — — — — — — — — — — —

Lisez au cimetière, parmi les tombeaux de tous les grands du Ghetto, ce que l'on a écrit sur sa tombe: „A notre grand et illustre chef... David,... Léonidas ... Alexandre, ... Napoléon ... etc. ..."

Ah! vous croyez donc, que sans lui, sans David ... sans Léonidas... sans Alexandre... sans Napoléon... la Communauté n'aurait pu marcher... que le Ghetto aurait pu être plus sombre!...

— Imbéciles! il y aurait eu moins de sang versé, voilà tout! Et puis... les taxes qu'il prélevait sur la viande *tarif* qu'il vous a vendue pour *cacher!*... et la gabelle sur vos bougies des jours de sabbath... et mille autres choses encore... les oubliez-vous donc !!!

Enfin, je ne veux pas m'étendre d'avantage sur ces choses trop claires. Homo, hélas! est condamné à vivre ainsi. Il souffre parce qu'il a été subitement, un beau matin privé de ses forces... de ce que la Puissance hostile le fait mourir à petite saignée... et le voici tout-à-coup, à essayer de s'anéantir lui-même... de se saigner à grands flots... lui, qui s'est imposé une discipline contre lui-même... une discipline destinée à priver l'un de ses membres des moyens d'en tourmenter les autres... Lui!... eh bien, le voici trouvant doux de s'anéautir lui-même... toujours parce qu'il veut vivre, se libérer... ne pas souffrir. Et... pour comble, il se trouve encore de la grandeur, en ces moments-là... Oui, hélas! il s'admire encore de pouvoir égaler, surpasser la Puissance hostile qui le supplicie, en se voyant capable de se supplicier lui-même, de se donner le néant à lui-même, en dépit de l'Esprit ennemi qui voudrait le conserver pour le supplicier lentement. Hélas! ce sont là des moments, d'éternels moments de rage et de folie! mais provenant de l'état où il se trouve, mais, tenant de la nature même des choses qui l'entourent... le Ghetto empesté de cette Ile!

* * *

La ruse! — on a rusé au Ghetto — oui, on a rusé, on était obligé de ruser, eu égard à ces brutes...

eu égard à la prison... aux geôliers... — on ruse dans la prison — le rat ne ruse-t-il pas plus dans son trou que le chat dehors? — eu égard à la partisannerie. Homo a rusé sur son *Ile* et, cela s'explique... mais, il a encore rusé avec lui-même — et, cela s'explique encore... que de divertissements enfantins ou même nuisibles n'a-t-il pas dû inventer pour tromper l'ennui... les privations?! — On a donc rusé, on a fait de l'astuce. —

Cela... c'est à l'intelligence ce que le reflet est au soleil. — Là où le flambeau du jour manque, la planète lunaire est venue le suppléer, prendre sa place, et faire la parvenue qu'elle n'est même pas — et vous faire hautainement l'aumône de quelques humides rayons qui ne sont même pas à elle, qu'elle vient justement de mendier.... Or, il y en a qui s'en contentent, et même.. le dirait-on! qui préfèrent cela... Oui! qui préfèrent la douceur de la lune au soleil ardent et bruyant.... En tout cas, ces clients-là, ne peuvent être que ceux qui ne veillent que la nuit... dans les demies-ombres. Or, au Ghetto on veille beaucoup les nuits.... Vous comprenez donc d'où lui vient tout son succès, à la planète lunaire!... Vous comprenez donc quels sont les yeux au Ghetto, qui préfèrent être éclairés par elle, — la majorité — ...

Car, là où l'intélligence fait par moment défaut, s'éclipse, s'absente, là, où elle n'est pas, où elle est impuissante.... on n'a pas voulu quand même laisser régner l'obscurité complète... et, on a envoyé la ruse à sa place... à la place de l'intélligence et, hélas! c'est encore un bien.... Car elle, la grande, ne peut marcher que dans la chaussée royale, ouverte, au plein jour —, tandis que celle-ci, la pâle planète, sans propre qualité, sans souffle, sans force, ne vivant que du *semblant*..., elle, moins exigente, la ruse, elle court habilement tous les petits sentiers, fussent-ils les plus sinueux — elle peut donc, souvent, arriver plus vite ... et, vous voyez déjà là-bas, au bout du chemin, la foule lui faire des ovations frénétiques et lui décerner le premier prix de course. Elle est arrivée la première, elle a mieux marché que l'autre.... La planète sans lumière propre l'a emporté sur le disque solaire !!!...

Il y a des moments où la sottise sert mieux l'homme que son intelligence —. Homo, s'il vit encore dans sa prison ne le doit-il pas à l'état d'abrutissement auquel il eût souvent recours. Ce qui souffre en nous, c'est la grande âme éveillée, se sachant incarcérée — Endormez là ... et —.

La majorité au Ghetto a donc accepté, couronné la Ruse... puisqu'elle savait passer par où l'autre... n'aurait jamais voulu, ni pu se hasarder — puisqu'elle distraie, puisqu'elle flatte celle-ci, tandis que l'autre crie, gronde, incommode les yeux trop faibles ou affaiblis —. Ah ! j'oubliais de dire que, du reste, au Ghetto le grand soleil ne venait que rarement et, qu'on s'y est habitué aux petites clartés — aux simulacres —.

On a donc accepté, fêté la Ruse — peut-être aussi comme on accepte de petites doses de poison pour se mettre à l'abri de tout violent poison qui pût jamais vous surprendre —.... On a donc avalé de la ruse — peut-être aussi pour s'en guérir, un jour, à tout jamais....

Quoi qu'il en fût, on l'a avalée et... pour le moment, on a encore cela dans l'estomac... déjà à moitié digérée, il est vrai, mais enfin —.

Or, voici ce qui s'est passé exactement —.

Un beau matin, chaque fois qu'il se trouvait de petits circoncis... — les Juifs au Ghetto... on sait que ce sont des *circoncis*... Homo n'est-ce pas le prisonnier c-i-r-c-o-n-c-i-s — hélas! Son Ile elle-même... oui! l'Ile du Diable, n'est-ce pas une grande Circoncise — passez-moi le mot? — — — — donc dis-je, chaque fois, que de petits circoncis imaginaient de ruser dans le petit commerce quotidien, de falsifier leur menue marchandise en vous donnant des bretelles de Jacob pour les lacets d'Esaü, — et *vice-versa*, la police du Ghetto était là pour appréhender les malfaiteurs, ces grands petits voyous. —

Mais, un autre matin, pas trop beau du reste et, qui dure encore, hélas! un grand enpapillotté de juif a ouvert, au grand jour, là-bas, dans le même Ghetto, place de Rome — toute une vaste institution de falsification de toute espèce, avec de nombreuses succursales dans toutes les ruelles, sur tous les marchés du Ghetto, une vaste institution, dis-je, où l'on entreprit de tout falsifier... tout, tout! par exemple: on vous y vend du bois de chauffage pour de l'*éclairage de Dieu;* on vous y vend, au Ghetto, de l'eau de la pompe pour de l'*essence d'esprit céleste;* on vous y donne, à vous clients de la maison, des primes gratuites, et, on vous fait payer seulement le droit de les avoir — et, ainsi de suite. Or, la police ne s'en émeut pas — pas le moins du monde. —

La maison Dallostrologo, Savant & Cie. a beau protester, pester, hurler, prendre le ciel à témoin, déclarer à ses clients publiquement, à haute voix, sur la place, que son concurrent est un fourbe, un falsificateur, un exploiteur — Ses clients... eux, l'écouteront, mais, ils sont rares et, même, il y a parmi eux des hypocrites ou des sots qui, tout en se fournissant chez Dallostrologo ne continuent pas moins de fréquenter la maison de la place de Rome. —

Et puis, là-bas, le rival ne reste pas sans riposter au pauvre Dallostrologo dont il a enlevé toute la clientèle presque. Au contraire! il ne se gêne pas, il riposte. Voici les amabilités qu'il lui dit, chaque fois qu'ils se rencontrent, les deux... „Taisez-vous, imbécile fainéant, traître impie! Taisez-vous donc! morbleu! vous n'avez pas honte.... Eh bien je m'en vais vous dire tout de-suite vos quatre vérités: Vout êtes un ignare! vous mentez! mentez! et puis... un vieux banqueroutier!... Allons donc! et cela ose encore lever la tête, et cela se promène encore librement, les mains dans les poches... librement dans nos saintes ruelles! et la police n'a pas encore arrêté cela!"... Puis il commence, sur l'air connu et populaire de: *Ad mortem te Catilina....* „Oui! il y a longtemps que vous devriez être en cellule isolée!... un homme qui a plusieurs faillites sur sa conscience!... un banqueroutier! Oui, un banqueroutier! un banqueroutier! un vieux banqueroutier!!"... Que voulez-vous, c'est encore là un argument. — Ce n'est pas que cela effraie toujours beaucoup M. Dallostrologo, mais... ces clients... vous comprenez, on lui enlève la clientèle. —

Et, en effet, voyez, tous les habitants du Ghetto — les femmes surtout — les femmes... n'est-ce pas cela qui fait le ménage, et qui forme la clientèle la plus constante, la plus consommatrice, dans tout le Ghetto — et, puis, n'est-ce pas elles qui forment la bonne compacte majorité? — or, la majorité des gens du Ghetto ne vont plus, ne se fournissent plus que place de Rome, ou, dans une maison succursale. — Vous me direz, elle a tort cette majorité. — Je ne dis pas le contraire — Mais... se punit-elle donc la majorité, quand elle a tort? Se donne-t-elle une maison de fous quand elle est folle? se construit-elle donc une prison quand elle est criminelle? — Malheur donc aux rares, à la minorité!!! eux... elle, celle-ci, la minorité... ah! ce qu'on s'en moque! Mais, elle n'a qu'à souffler mot pour être execrée, ligottée, fouettée sur la place publique, incarcérée et même brulée vive, s'il le faut... si ça gêne trop —!

\* \* \*

Ce n'est pas tout. Non content d'avoir accaparé tout le marché, les gens de la *Place de Rome* pour finir de duper les gueux, leurs clients ont encore établi une „Caisse d'Epargne" où repose, aujourd'hui, presque tout le capital de toutes les espérances des pauvres *sans le sou*, sans espoirs: On a rusé, on leur a dit à ces gueux-là: „Hé gueux! gueux! venez donc par ici! „Venez donc par ici les gueux! voyez, méprisez ces riches-là qui „n'ont point confiance dans notre *Caisse;* sûr, ils n'en „profiteront point. Aussi cette Caisse-là a-t-elle été „instituée pour vous les gueux!... pour vous seule-„ment. Car, qui dit *Caisse d'Epargne de la Place de*

„*Rome,* dit *un sou,* un pauvre sou, un rien de sou „par jour et ... un immense capital de rembourse-„ment pour un jour qui ne tardera pas de venir ... „puis, un riche intérêt, un riche pour cent de temps „en temps. Venez donc les gueux! Venez donc les „gueux! car, je vous dis ... c'est-à-dire on vous dit „que cette Caisse a été installée pour vous, pour vous „seulement ... Heureux donc les gueux, heureux donc „les gueux! car ils hériteront de cette Caisse!"

Aussi les gueux ont-ils afflué, ont-ils vidé leurs poches, leur esprit, leur âme, tout dans cette *Caisse.*

Vous me direz, vous qui avez l'esprit inquiet: Ah! pauvres gueux! et sont-ils devenus plus riches depuis? ...

Hélas non! toujours la même misère, mais qu'est ce que cela fait. Ils ont confiance ... un jour ils toucheront l'intérêt et ils toucheront le capital —.

Du reste, la *Caisse d'Epargne* est devenue une grande *Banque,* ses directeurs ne parlent plus d'un ton aussi sucré que jadis, à ces gueux ... Que voulez-vous — cela a changé, ils ont pris de l'embonpoint et, avec cela de l'importance, ces messieurs ... Et puis ... sied-il donc à de grands banquiers que le sont ces Juifs de s'abaisser jusque à parler aux gueux, à de petit nains de gueux qui n'ont donné qu'un sou pour commencer une banque aussi importante —?

*De minimis non curat prætor ...*

En effet, leurs affaires sont devenues considérables ... trop considérables —!

\* \* \*

Un jour, quelqu'un (on assure que c'était un agent ou un employé de la Maison Dallostrologo, Savant &

Cie.) s'avisa de contrôler, coûte que coûte, la Caisse de la place ... A coups d'habileté et de ruse il y parvint. Mais quelle ne fut sa surprise de trouver la Caisse vide !... Oui! vide ... pas un centime dedans! ...

Vite la chose s'était répandue, surtout grâce à l'intervention directe de M. Dallostrologo, le concurrent. — Or, ce dernier fit afficher et publier partout, que la fameuse *Caisse d'Epargne* de la place de Rome ... bien qu'elle eût reçu en dépôts des sommes énormes, bien que ses directeurs aient depuis prospéré, soient devenus riches — n'était qu'une *boîte vide* — (nous nous servons du terme même de M. Savant) cette Caisse et, si l'on y a jamais épargné quoi que ce fut aux gueux — ce ne peut être que l'espoir d'en jamais retirer quoi que ce fut — pas même un *sou* —!!!

— — — — — — — —

Ah! vous voyez cela d'ici — la tempête que cela produisit —. La Maison de la place, un moment discréditée fut mise en demeure de se justifier, de se légitimer —. Que faire? — Oh, elle n'était pas en peine pour si peu de chose. Voici ce qu'elle déclara, avec beaucoup d'aplomb, sans se déconcerter un instant :

„Le capital existe bien réellement — Seulement ... pour plus de sûreté — pour mieux servir nos très respectés clients, nous, ses fidèles et humbles serviteurs, nous avons pensé bien faire, de le transporter ce saint, ce sacré capital des très respectables et très honorés MM. les pauvres gens, — de le transporter, disons-nous — nous avons pensé bien faire — dans l'intérêt de nos clients — de le transporter ce capital sacré, ailleurs — dans un lieu sûr — dans une Caisse que nul voleur, fût-il le plus habile, ne saurait jamais fracturer ..."

Où! où! où! où cela!?!! criait la foule amadonée par ces douces paroles et, déjà moitié enthousiaste, moitié curieuse — la foule c'est une femme curieuse. —

— Ah! vous demandez où, Messieurs, eh bien, nous allons vous le dire: à Jérusalem ... chez une sainte Rabbine... fille du *Grand Rabbin* ... M\*.\*, vous le connaissez tous ... Eh bien ... sa fille, Mme. de la Trinité. —

Ça! — criait avec rage M. Dallostrologo, moi qui suis en rapports constants et ai une correspondance suivie avec la Ste-Ville, moi je vous défie de m'y prouver l'existence d'une Dame Trinité, fille du Grand-Rabbin! C'est donc faux! c'est donc un prétexte! vous dupez donc ces gens-là! vous mentez donc! vous êtes donc des v... — Il n'eût pas le temps d'achever qu'il eût déjà une maitresse giffle en pleine figure —

― ― ― ― ― ― ― ― ― ― ― ― ― ― ―

La suite de l'affaire? Mais un scandale qui ne finit plus. On en vint aux mains, M. Savant, ses employés, ses amis, les gens de la place de Rome, leurs clients, tout cela, longtemps n'était qu'une sanglante mêlée. On se battait dans les rues. On s'invectivait dans des affiches, dans des feuilles volantes, qui neigeaient jusques à encombrer par leur ordure, toutes les places et toutes les rues. Dans les maisons on ne faisait plus que parler de cela — depuis le matin jusqu'au matin. Le Ghetto ne retentissait plus que de ces cris, de ces vociférations, de ces gémissements, de ces invectives, de ces plaintes — et … les soufflets volaient, voltigeaient comme des pigeons en plein essor —.

\* \* \*

Enfin le calme revint aux esprits … c'est-à-dire — et, c'est ainsi qu'il faut entendre ce mot la plupart des fois qu'il est employé — aux corps … — On passa des coups de poings aux coups d'arguments — —

„Madame de la Trinité existe-elle ou n'existe-elle pas" — telle fut la thèse constante et, pour longtemps.

Cependant, les directeurs de la *Caisse d'Epargne* ne tardèrent pas de s'apercevoir que cette discussion même portait ombrage aux affaires … et, ils redevinrent violents : Vous savez les voleurs, par exemple, ne tuent que parce qu'on ne les laisse pas voler — que parce qu'on crie … Eh bien, quelques employés de M. Savant ayant osé publiquement contester la valeur de la signature „pour Mme Delatrinité" apposée au bas des billets d'émission de la *Caisse d'Epargne* — mal leur en pris, i's durent, ces quelques audacieux employés de M. Savant, payer cher la chose — leur audace ….. On leur fit leur procès en règle, on les fit incarcérer et, même, on alla jusques à en brûler quelques uns sur les places publiques.

\* \* \*

Quand même, le Ghetto profita de tout cela. N'y a-t-il pas trouvé de la distraction, ce morne Ghetto!

Ah! vous voulez en savoir encore, plus long! de ce Ghetto ….. Mais, vous voulez alors tout savoir, trop savoir et, ma foi ! ce serait trop long à dire, tout ce qu'on y fait, au Ghetto.

Essayons, quand même. Je m'en vais vous servir encore une anecdote.

Il y avait, un pauvre diable de capitaliste qui contribua presque seul, de sa part, aux trois quarts du capital nécessaire pour la constitution de la *Caisse d'Epargne*.

Avant cela, c'est-à-dire, avant l'ouverture de la *Caisse d'Epargne*, place de Rome, lui aussi avait institué une Caisse — d'Epargne, également — et, si elle était moins riche que celle-ci, la postérieure — elle était aussi, dit-on, plus réelle, plus honnête — on y faisait les affaires avec plus de bonne foi, avec une comptabilité exacte, stricte autant que cela est possible. Quant au capital, loin de l'expédier à Jérusalem, des gens bien renseignés affirment même, qu'il en fit venir, le sien, de là-bas —.

Malheureusement pour cet homme, ses affaires n'avançaient que lentement. C'était un peu aussi de sa faute : il ne savait pas bien recevoir les gens... leur sourire..... les flatter, grâce à son naturel un peu brusque, vif, trop emporté.

Or, vous qui êtes négociants, vous savez si cela gâte les affaires — ne pas savoir sourire à tous le le monde ! Si bien donc, que, lorsqu'un soir où il était fort désespéré de ses échecs récemment subis, le rival de M. Dallostrologo se présenta chez lui, je ne saurais trop dire sous quel prétexte. L'infortuné banquier le reçut à bras ouvert et commit le premier la sottise de proposer à l'astucieux visiteur de lui prendre tout son capital, d'y ajouter un peut du sien, àfin d'établir une Caisse d'Epargne universelle, où tout le monde, en commençant du plus humble, jusqu'au plus riche, put sans crainte, sans méfiance venir déposer tous ses biens dans la Caisse. Le pauvre Israëlsohn — c'est son nom — espérait ainsi se voir un jour réaliser toutes ses ambitions de fondateur d'une *Caisse d'Epargne universelle*. Quant à l'astucieux et encore assez modeste concurrent de M. Dallostrologo, du coup, il comprit toute la portée de l'affaire, toute l'importance de la proposition. Car, en dépit de ses querelles avec M. Savant, qu'était-il donc jusqu'à présent, sinon un misérable brocanteur établi dans un misérable petit bazar où, à côtés des vieux vêtements qu'il faisait venir d'Egypte, des Indes, de la terre hellène même, il vendait encore des objets d'art usés, des articles de curiosité, d'antiques statues et statuettes dont il assurait qu'elles portaient fortune à ses acquerreurs?...

Or, avec le génie des affaires que donne la ruse aux marchands de vocation, il comprit, de suite, ce qu'il allait devenir désormais et quelle vaste voie s'ouvrait devant lui. Aussi cet esprit de la place de Rome, de bonne heure habitué à faire la grande réclame et de s'attacher d'une façon ou d'une autre, une grande, une universelle clientèle, s'empressa-t-il d'accueillir avec bienveillance la proposition de M. Israëlsohn, et, vous savez ce qu'il a fait et ce qu'il est devenu depuis, le brocanteur —.

Mais ce qui vous intéressera, peut-être d'avantage, c'est le sort de l'ancien directeur de la Caisse d'Epargne, rue du Jourdain —. Comment vous la raconter cette triste histoire? car, elle est vraiment triste ma foi, quand on la connait tout entière, avec tous ses épisodes en détail —.

Bref, disons en un mot, au moins. On promit à Israëlsohn de l'associer aux affaires et, pendant quelques semaines on le fit en effet. — Tout-à-coup, on changea d'attitude envers lui — — On commençait à le dénigrer, à l'incriminer même — hélas! De quoi pouvait-il donc être coupable, lui qui avait tout donné, tout, tout, tout! pour la constitution de cette Banque dans un moment de trop de confiance et dans les directeurs de la *Caisse d'Epargne universelle*, et dans l'emploi honnête dont ils feront de son capital à lui — surtout du but noble qu'ils se proposaient, ces directeurs? — —

Oui! il avait tout donné, ne se reservant à lui que juste ce qu'il lui fallait pour subsister quotidiennément et, on le dénigre, on trouve mal ce qu'il a fait, ce qu'il fait, on se moque de lui, on le maltraite et, même pour comble de surprise on l'incrimine encore, on l'accuse publiquement d'avoir détourné une partie de la Fortune publique, quand en réalité ce n'étaient qu'eux qui s'en furent rendus coupables — eux, de la place de Rome.

Enfin, quand Machiavel conseillait aux tyrans de ne jamais faire le mal à demi, il savait à qui il s'adressait. Or, craignant le malheureux Israëlsohn comme témoin... comme seul témoin des choses concernant la Caisse d'Epargne — lui, qui seul pût dire avec quels capitaux elle fut constituée au début et ce que l'on se moquait à présent Place de Rome de tous les créanciers — — lui, dis-je, devint naturellement, odieux, dangereux!:.... Il fallait donc trouver des moyens de l'éloigner tout d'abord du grand public, puis de le baillonner pour qu'il ne put souffler mot. Le croiriez-vous! Oui, savez-vous ce qu'ils ont imaginé les Juifs de la Place de Rome? — un ghetto! Oui! un ghetto dans le Ghetto!!!, un ghetto en miniature en tout et pour tout construit à l'instar de ce Ghetto-là, de cet immense Ghetto où les choses que je conte se sont passées...

Là, enfermé, il n'est plus dangereux, le malheureux Israëlsohn et, malheur à lui s'il osait parler! — Ne voyez-vous pas la grande foule excitée contre lui, la grande foule des dupés, dans le Grand Ghetto — ne les voyez-vous pas s'armer de bâtons pour aller attaquer et tout briser dans ce petit ghetto-là?!!...

— — — — — — — — — —
— — — — — — — — — —
— — — — — — — — — —

„Et vous voulez encore qu'on aime les Juifs,
„avec tout cela... avec toute leur malpropreté, avec
„toutes leurs scélératesses, leurs duperies, leurs acca-
„parements, avec leurs vols à main armée, leur cy-
„nisme, leur puanteur!!! Non! dites ce que vous
„voudrez, l'antisémitisme est pleinement justifié, rien
„que ces Juifs de P—P—P—P—P de la place de
„Rome, rien que cette histoire de la *Caisse d'E-*
„*pargne universelle*... oui! cela suffirait déjà pour
„justifier toutes les haines à leurs égards. Quoi! se-
„questrer ainsi pour toute la vie de pauvres gens qui
„vous ont tout abandonné, maltraiter de la sorte —
„comme ils l'ont fait ces Juifs, avec un de leurs
„cohabitants du Ghetto des innocents! mais, c'est
„ignoble, mais cela n'a pas de nom!

\* \* \*

Je vous entends, cher lecteur, votre indignation est juste et je l'approuverais même complètement de ma part, si je n'étais plutôt porté vers la philosophie des choses. Soyons donc philosophes.

Ainsi, le Ghetto a son minuscule Ghetticule où les choses sont exactement copiées sur celui-ci, le grand, et la plupart des *costumers*, pour me servir de l'anglais, dans ce dernier, ne se fournissent et ne *placent* qu'au Grand Crédit de la *Caisse universelle*. Je dis la plupart, car s'il reste encore le petit ghetto qui proteste on s'en moque; s'il y a encore un ou deux rebarbatifs, M. Savant récalcitrant, Bournous-bey qui fait, lui aussi, concurrence, quelques parias qui ne placent point, ou qui placent chez n'importe quel premier venu, tout cela, ça ne gène pas outre mesure. Les affaires ne s'en ressentent point. D'ailleurs la foule des créanciers a tant de confiance dans la Maison ainsi que dans la signature: *pour Mme de la Trinité, Fille du Grand Rabbin de Jérusalem*; *PPPP*, qu'elle lapiderait, cette foule, quiconque oserait contester la valeur de la dite signature, quiconque aurait l'audace de se moquer de leur crédulité —.

Mais, ce n'est pas tout. Dans ce Pan-Ghetto vous-savez qu'on s'y compte par quartiers et par tribus, c'était toujours d'usage chez les Juifs. Or, chaque quartier a sa bannière et, comme les tribus ne font que se jalouser entre elles, il arrive souvent qu'on en vient aux mains, qu'on prend les armes et ..... vous dévinez le reste. Le Pan-Ghetto devient souvent une vraie mare de sang.

Voici, d'ailleurs comment un poëte de l'époque

résuma quelques-unes de ses chamaillades ; nous laissons la parole à l'écrivain même :

\* \* \*

— — Nahas hors des enfers,
Fait sonner l'Horloge
Au fond de sa Loge ;
Il est l'âge des fers...

Il met l'aiguille en place... au point du Moyen-Age :
Déjà siffle une bise et déjà c'est l'orage,
Et déjà tourbillonne un fort souffle de rage ;
Déjà l'arbre vacille et plie à leur passage ;
Déjà la maison croûle et déjà l'on méssage :
„Le Monde entier bientôt souffrira du ravage...
„Car, on se bat depuis l'Occident au Levant!!!"

La Furie est partout ; partout sang at carnage,
La Furie est partout et commande : „En avant!!!"
       La Haine
       Dégaine,
       L'Haleine
       En Chaîne
Se débat vainement et demande de l'air —.
La Lame est acérée... elle pénètre et taille —
De l'Occident au Levant est le champ de bataille
Et du Sud jusqu'au Nord le fer fait une entaille...
Orage et tourbillon, foudre... et pas un éclair!!!...
Tout se bat et se combat, tout est de la Mêlée...
La cause n'en pût point être encor démêlée
Les rivaux de la veille aujourd'hui vont de pair
Contre leurs amis d'hier... et, soudain, se repoussent,
    Puis se tendent les mains.
    Tels des géants, des nains
Petits et grands, tout lutte, or — les fureurs les poussent —.

\* \* \*

Excusons le poète s'il ne put encore demêler la cause de ces fureurs. — Quant à nous, qui ne sommes pas poètes, nous les connaissons bien, ces causes. „A qui est ce puits?"... — A moi. — Avec ça! qu'il est à toi; tout le monde sait que c'est à moi..." — N'est-ce pas déjà une cause? — „Qui pêche dans ce ruisseau, dans ce lac?" — Un pêcheur du quartier. — De quel droit? — Du sien, tout notre quartier y pêche, pêchez y vous aussi, si vous voulez. Si j'y pêcherai! mais, je vous défends absolument, à vous et à tous les vôtres d'en approcher seulement!" — Et on se bat. Et on entretient des hommes qu'on a arrachés à leurs occupations quotidiennes pour les porter là ... à garder ces misérables puits, ces marais lacustres — et, on se dépense en effort et en esprit pour les munir, ces hommes, de toute sorte d'armes d'offense ... et de défense.

Que voulez-vous, c'est encore une occupation au Ghetto et même la plus divertissante, la plus absorbante. Car, au Ghetto ... vous la savez, peut-être — il n'y a pas d'autre but que celui de survivre le Ghetto, de passer le temps d'une façon ou d'une autre, de passer cette longue, cette éternelle nuit sans sommeil ... Or, que faites-vous, vous, quand il vous arrive de passer une nuit où vous souffrez d'insomnie, une nuit où vous ne pouvez ni vous occuper d'une chose sérieuse, ni même dormir ... en prison par exemple, dans le train par exemple, dans l'attente d'un rendez-vous par exemple? ... N'est-ce pas que vous faites tout ce qu'il vous est possible de faire pour tromper l'ennui ... pour *tuer* le temps. Eh bien, au Ghetto, c'est exactement la même chose. Il n'y a pas de but proprement dit.

Chaque chose, chaque but y est un but, dans cette vie-ci —. Point de but dans cette vie!

Ah! excusez si je n'en sors pas encore, du Ghetto — en sort-on donc facilement ... hélas! je ne suis pas un privilégié!...

Au fond, dans toutes ces batailles, dans toutes ces chamaillades pour une motte de cimetière ... je veux dire de terre, c'est-à-dire, quand même, de cimetière où chacun des béligérants a l'air de dire: „Je veux moi que tout cet espace, encore une fois, que tout ce Cimetière soit à moi!"... Et l'adversaire: Plutôt je m'y laisserai enterrer ou, je t'y enterrerai toi, que de te céder cette *Méorath Hamakpélah*"... Au fond, dis-je, dans toutes ces chamaillades, c'est Homo qui fait de la gymnastique — pas plus ni moins —. Homo qui se dégourdit les membres, se tord les doigts ... agite ses bras ... fait courir ses jambes ... tourmente son corps tout entier ... Homo qui danse ... qui tournoie — avec lui-même, autour de lui-même.

Et vous donc, lecteur, qui m'ouvrez une si vilaine bouche béante à cette *stupidity* que je viens de vous dire ... Eh bien, et vous donc, savez-vous quels crimes vous commettez, quels massacres vous accomplissez, chaque fois que vous faites de la gymnastique, vous — en partie ou, en complet? — ? — ? — ?...

Ah! vous ne le savez et, déjà vous vous attendez à ce que je vous débite un plus grand *Nonsens* encore ... Eh bien, écoutez: Si vous saviez combien de mondes en armes vous lancez là ... dans notre Intérieur ... l'un contre l'autre! si vous saviez combien de légions d'êtres vous y entrechoquez, y poussez à la guerre! si vous saviez combien de vies y sont supprimées en faveur des vies victorieuses qui prennent leur place... la même place — qui occupent leur espace — le même espace!... Si vous saviez combien de gouffres vous y ouvrez à combien d'existences! hommes, bêtes et canons! — — — — — —, hussards, zouaves, cosaques, spahis, éones, gibborins, ascars, kurdes, bédouins, circassiens, dragons, fantassins, têtes-de-morts, garibaldiens, macédoniens, tirailleurs, cuirassés, szlachtum, tribus-amies, highlanders, red-jaquets, légion étrangère, ... enfin tout ce qu'il y a en vous d'impétueux, de belliqueux, de puissant, de plein de vie et d'action, que vous ensevelissez là... dans ce Waterloo qui est votre organisme se recréant!... afin de céder le champ de bataille à d'autres légions... et cela... perpétuellement!!! Ah! si vous pouviez entendre les cris, les vacarmes, les vociférations, les insultes, les blasphèmes qui remplissent et déchirent là-bas tous les airs et qui, hélas! ne parviennent jamais jusqu'au ciel... qui est votre conscience, votre connaissance de vous-mêmes... et, encore! A moi, par exemple, qui laisse le ciel ouvert à ces plaintes... qu'y puis-je! faible Dieu que je suis!... Ah! vous l'ignorez. ... Mais, vous êtes le Dieu, le puissant Dieu, le Dieu Tout-Puissant, l'Infini, Tout-Intelligence, Tout-Clémence, Tout-Miséricorde, pour ces mondiscules, pour ces myriades de mondiscules, pour ces milliards de milliards de globes, de vastes globes... c'est-à-dire... là, dans votre Intérieur ces globules se prennent pour de vastes globes. Et... vous êtes l'Infini... l'Eternel... des globuscules, des globules, d'imperceptibles globules sans importance qui se meuvent en vous et qui forment votre individu...

Mais tout cela est animé! mais tout cela vit! mais tout cela pense! puisque tout cela compose votre Etre qui pense!... Mais tout cela tous ces petits mondes vous pensent leur Créateur... sorti de Lui-même... ou, d'un père, d'une mère encore vous-mêmes... qu'im-importe le temps... la sinuosité... l'évolution!... Mais tout cela n'adresse leurs prières qu'à vous-mêmes... vous l'Ensemble, le Tout!... Mais là... dans une chambrette, dans une ruelle, dans une ville, située sur l'un de ces innombrables globuscules... il est, en ce moment un petit *Joc Maur* qui vous maudit! Mais, pourquoi êtes-vous si insensible! pourquoi ne vous êtes-vous pas dit jusqu'à présent: „Mais enfin, toute cette sueur qui m'inonde, toute cette transpiration qui se fait jour sur ma peau, chaque fois que je m'élance, que je me plie, que je m'agite, que je gymnastique, toute cette sueur... ce n'est peut-être qu'un océan de sang mêlé des larmes des pauvres êtres écrasés en moi! oui, des pauvres existences succombées dans la lutte! tandis que d'autres y ont triomphé!!! ceux qui m'a-dorent aujourd'hui... m'entonnent des hymnes de louange et, que je ferai écraser demain... en les lançant eux aussi l'un contre l'autre! Ah! pourquoi donc le fais-je!?!?!

?

Votre réponse sera toute prête: „Je le fais... je le fais... ma foi, je le fais parce que je ne puis faire autrement! Parce que ma santé, mon existence à moi l'exige... il me faut du renouvellement, du replâtrage... me raccommoder chaque jour mon Etre... ne suis-je pas une étoffe de vieil habit qu'il faut éternelle-ment tourner et retourner, condre, recoudre et rembourer encore?!... Il faut donc que je me dégourdisse, il faut donc que je fasse de la gymnastique, que je me meuve... puisque c'est là ma vie... et, tout en regrettant les massacres, à l'instar de M. Hanoteaux je ne puis rien, pour ces égorgements, là dedans... dans mon MOI. Puis, qui sait s'ils sont tout-à-fait innocents ces êtres dont vous vous constituez l'avocat! ... Qui sait si, Dieu à leur tour, des mondes infiniment infini dans la petitesse, ils ne font pas, ces Divinités-là, la même chose que moi... et celà, jusqu'à l'infini?!..., donc...

— Donc!... donc!... concluez, c'est intéressant!... donc, quoi qu'il en fut vous êtes le Satan trompeur de tout cet infini des infinis qui ne se régissent que d'après vos lois, à vous! donc, vous êtes leur démon de la Destruction! leur Malah-Hamaveth, leur Béelzébuth! leur Nahas! leur ennemi!

Ah! j'entends, votre seule, votre vraie, votre dernière excuse est celle-ci: „Je ne dépends pas de moi..."

Eh bien, d'accord. Et Homo donc dépend-il de lui-même?!

———

Pourquoi il gymnastique!... mais puisqu'il est au Ghetto, mais puisqu'il en dépend, mais puisqu'on ne lui a laissé que le commerce de vieux habits et qu'il ne vit que par le raccommodage, par l'échange ... puisque c'est la Loi, ici!!!... et que cette Loi prime tout le reste —. Mais puisque le Juif est sur l'*Ile du Diable*, en case, puisqu'il ne lui reste que ce peu de mouvement-là, invariables... puisque cela le dégourdit, le distrait, lui donne de nouvelles impulsions... de nouveaux calmants! Vous demandez encore pourquoi il se tord les bras, se tourmente les doigts, se frappe la tête contre le mur... Attendez donc, cet extrême desespoir fera éclore un nouvel, un puissant espoir... puis quand celui-ci sera usé... il recommencera!... sans fin... toujours la même chose —!!!

— — — — — — — — — —
— — — — — — — — — —

\* \* \*

Donc, le Juif est là, dans son Ghetto et se saigne pour s'amuser... Ah! si vous-êtes un vulgaire qui n'entrez pas dans les détails, mais qui quand même êtes animé d'un esprit de polémique, vous me direz, en reprenant mes expressions précédentes en haut de la page — „Que faites-vous, quand il vous arrive une nuit d'insomnie, un voyage en train, etc."

— Fort bien, mais quand je m'ennuie, je ne m'entr'égorge pas, je ne me massacre point, comme le fait ce juif —. Eh, mon bon ami, et qu'est-ce donc que *tuer* votre temps?! n'est-ce pas vous tuer vousmême, votre temps n'est-ce pas votre vie... une partie de votre organisme? — ? — Pourquoi donc le tuez-vous, n'est-ce pas de peur que ce ne soit l'Ennui qui le tue?? —

Et vous „Penseur..." — Penseur qui, au fond, n'êtes que le grand Ennuyé — que donc avez-vous inventé de meilleur pour passer le temps agréablement, autant que cela vous est possible? — La philosophaillerie?!...

Ma foi, c'est un jeu peut-être plus fin que le trictrac des petits cafés turcs, puisque c'est une sorte de jeu d'échecs — où le Roi ne se saisit jamais... —

Eh bien, pour moi, cela revient à *idem*, non seulement parce que la somme de divertissements qu'elle vous procure, la philosophaillerie, qu'il vous procure ce jeu d'échecs n'est point supérieure, cette somme à celle que retire le Turc de son jeu de trictrac — — — —, mais encore, parce que cela ne vous avancera pas à grand'chose, si ce n'est qu'à vous creuser i-n-u-t-i-l-e-m-e-n-t l'esprit et ... à tuer en vous le peu d'illusion que vous avez encore — à moins que vous n'entendiez imiter la grenouille de la Fable et vous dire: „Je veux me gonfler, jusqu'à devenir „Dieu, à mépriser tout cela, les besoins de mon être, „la nécessité du bonheur, je méprise tout cela! je „veux m'en passer — je veux être Dieu, me dire que „je ne meurs pas, point, etc."

En ce cas si, je ne dis pas ... Mais, je puis vous assurer d'une chose seulement: Vous ne serez alors ni grenouille ni bœuf — ni homme, ni Dieu, ni même quelque chose d'intermédiaire. — Vous serez un homme plus malheureux que les autres, voilà tout! ... puisque vous ne vous énivrez même pas ... et que vous avalez l'amertume sans la sucrer — et que vous acceptez de souffrir à l'état de jeûne... Une vaine supériorité, une prodigieuse dépense de force, cela oui. Autre chose non!

Surtout si la nuit se prolonge — si le train n'arrive pas — si la porte de votre cellule de prison ne s'ouvre pas — l'ami, l'amie attendus tardent!!! — —

Aussi ai-je fini part trouver fort spirituel, un chef de tribu, au Nord du Ghetto, lequel semble avoir compris qu'il n'y avait réellement rien de meilleur à faire au Ghetto que ces chamaillades. En effet, sortez sur la place et vous ne trouverez plus que lui. Il est là qui guette... heureux de trouver l'occasion de dire son mot, de donner, d'ajouter ou d'ôter un soufflet. Enfin, il n'y a pas une querelle, une rixe, une échauffourée dont il ne se mêle pas. Il a compris qu'il n'y avait que cela. Ses imbéciles adversaires, par dérision, l'appelle „l'empereur des uhlans, le chef des caporaux, le grand militariste." Ce qu'il s'en moque! et, il a raison. Plus intelligent qu'eux tous — il sait qu'il n'y a pas autre chose au Ghetto. — Vous empêche-t-il donc de faire comme lui? —

\* \* \*

Nous avons dit qu'il y avait au Ghotto, des quartiers et des tribus. Or, chaque tribu a ses héros qu'elle honore, qu'elle fête, qu'elle couronne et même qu'elle immortalise — „La folie n'est-elle pas la seule immortelle si je me permets de corriger d'Israëli — ?

Seulement, comme on ne fait pas toujours les choses avec bravoure, souvent, la ruse, nous l'avons dit, y a sa large part... C'est que les Juifs du Ghetto sont devenus une Race essentiellement rusée. Or, comme il y a des multiplicandes et des multiplicateus — des multiples et des sous-multiples, pour chaque quantité, même la plus négligeable — la Ruse, constamment multipliée est devenue elle aussi grandeur.

Heureusement! Car, c'est un bien —. En effet, si, un Mono-*Mark* quelconque pouvait devenir un

Bis-*Mark*, un Tris-*Mark*, un Hecto-*Mark* — les coups de sabre et de canons pourraient, je n'en doute pas, être remplacés par des *shrapnels* diplomatologiques — du moins, alors... le sang ne se verrait pas —.

... Comprenez-vous, maintenant, ce que c'est que le Ghetto? — ? — ? — ?? — ?? ou, faut-il vous le répéter!

## CHAPITRE VI.

### Le Talmud.

La Cabbala
Le... la... le, etc.

Donc... — — — ?! — — !? — — ?? — — !
?! !? ?! !? ..... La Case! sa Case! ses chaînes! sa Case! sa rouelle!!! s'il vous plait!.....
... Donc, Messieurs... — Non! non! d'abord la Case! sa case! sa rouelle, ses chaines, parlez-nous de la case de... des... de la !!! la.... la... la... les...?!
!!!...

\* \* \*

Donc, vive Dieu, messieurs! puisqu'il est un pauvre diable de Juif, comme nous, condamné et déporté, c'est-à-dire crucifié sur une Ile du Diable quelconque, la croix moderne, circulaire, sphérique — Vive Dieu! messieurs, puisqu'il se recrée — — re-créé — créé, *recrée* — — recréé, comme nous, dans son infini Ghetto, le pauvre!!!!...

Et, qu'avez-vous donc à tant pouffer..... sots crétins!? —— ce n'est point moi qui dis cela, c'est vous, au contraire, qui parlez ainsi de votre Eternel; puisque de la façon dont vous le concevez, dont vous l'exprimez, dont vous l'avez constitué ... il ne saurait vraiment, malgré toute sa dose de bonne volonté — s'il en a — être autre chose que cela..... que vous ... un interné dans un Ghetto — votre cerveau pent-être, dont il ne pourrait plus jamais! jamais sortir, hélas!...

— — — — — — — — —

Enfin, admettons que cet Infini Juif soit dans un Ghetto plus grand, un infini Ghetto, que ce soit un incommensurable Homo = H $\times$ D (Homo multiplié par Divinité), sur une Ile du Diable sans limite; on peut toujours concevoir cela, n'a-t-on pas conçu de plus grandes absurdités encore sur son compte — sur le compte de Dieu — admettons donc cette conséquence de votre logique: N'est-ce pas que vous dites que tout est en Lui et, que rien ne saurait être en dehors de lui; il est donc bien emballé, bien ligotté, bien enchainé; du moins, pour m'exprimer avec plus d'élégance, bien enchâssé dans son infini avec lequel il se confond presque..... Car, vous savez, là où Spinoza est supérieur aux autres grands Talmudistes de tous les temps, tels que Bacon, Hobbes, Lock, Hume etc., c'est qu'entre Dieu et l'Infini il ne laisse même pas l'espace de ce *presque* — Non, il veut un Dieu Lui-même prison de Lui-même, un Dieu qui s'identifie avec son Ghetto, tout comme le Juif avec le sien ...

Enfin, ce qui nous importe de savoir pour le moment est ceci : — Nous sommes donc tous en Lui et, hélas, il ne sait même probablement pas que nous y sommes, dans son être ... Eh bien non, franchement, vous n'avez point à faire, ici, à un ennemi de Dieu, bien loin de là, je ne demanderais pas mieux que de lui donner un coup de main, pour l'aider à marcher ... pourvue qu'il arrive, un jour. Mais, en vérité, si ce n'est que *cela* — si ce n'est que celui dont vous ne cessez pas depuis bientôt quatre mille ans de me quotidiennement déchirer les oreilles, eh bien, oui, si ce n'est là qu'un Homo en gros ... même perfectionné ... mais toujours avec les lambeaux de qualités que lui désire voir Homo ... en prison ...; enfin, si — toujours d'après votre logique des choses — il nous contient, c'est-à-dire, si Théos gymnastiquant autour de lui même recrute chaque jour de nouvelles légions vitales pour les emmener le lendemain aux champs de batailles inutiles pour elles, ces armées, afin de les y faire massacrer par d'autres légions également recrutées par lui ..... pour les faire celles-ci, à leur tour, le surlendemain massacrer encore par d'autres bataillons et, dans le seul but de se re—créer ..... quand cela lui plaît, quand ses besoins l'exigent, quand cela lui est commode ... et, nous sue et nous transpire ainsi, et nous évapore et nous anéantit ainsi dans l'Abime ..... Eh bien, non! encore une fois, franchement non! j'aime mieux alors, quant à moi, qu'il me sue et me suinte et me transpire tout de suite! pour ne pas avoir le supplice de me savoir là ..... en lui ...

Car, savez-vous que Calligula, que le fameux fou

Calligula I (Il a fait dynastie qui se prolonge encore, hélas!) ne faisait point autre chose quand il recrutait parmi ses propres sujets des légions qu'il postait des deux côtés du Tibre en deux armées, puis les jetait les uns contre les autres, ses légionnaires, et, le soir, rentrait triomphant de ce qu'une partie de son armée en avait massacrée l'autre et, il disait: „Mon armée a triomphé, j'ai triomphé!"... En effet, de cette façon... il pouvait toujours triompher... être toujours victorieux —.

Car, savez-vous que les cannibales qui engraissent leurs prisonniers, pour les mieux goûter après... ne font pas autre chose?!

— — — — — — — —

Et puis, avec un tel Dieu nous aurions encore l'avantage de l'espace libre, autour de nous... ce qu'il lui est absolument interdit à Lui..., sous peine d'être dégradé...

Nous aurions encore un avantage dont il ne saurait se vanter lui, celui de disposer encore d'une fenêtre dans notre prison, nous permettant de voir en dehors de nous... Nous aurions une supériorité sur lui, d'avoir le *non-moi*, à part du *moi*... Car, nous avons les mondes qui sont en nous et nous avons les mondes qui sont en dehors de nous — —. Ah! vous me direz que la puissance de ce Dieu est précisément son inconscience et que ce que nous appelons nos massacres, nos souffrances, ne sont point pour lui ni massacres ni souffrances, puisque lui existe toujours et qu'il ne souffre pas de ces souffrances; puisqu'elles ne parviennent pas jusqu'à lui. Soit! Mais alors, ce

Dieu n'est pas bon pour nous, nous qui avons conscience de ce massacre et qui en souffrons —. Il n'est donc pas notre Dieu.

Fort heureusement pour lui, pour moi et pour vous, il me semble que ce n'est pas cela du tout, que ce n'est point lui, que vous-vous êtes trompés, messieurs, vous qui faites partie du Ghetto. En effet, étant dans une prison, il est *logique* d'avoir la Logique de la Prison —.

Homo s'est dit : „Je suis dans cette cellule ; cette cellule est dans ça, la case ... Cette case est dans le Ghetto — ce Ghetto est dans elle — l'*Ile du Diable*. L'*Ile du Diable* est dans cela, les deux Hémisphères = la sphère gazeuse, le fluide ambiant. Ce gaz est dans l'espace infini. Il y a l'Infini des Infinis, l'espace des espaces. Tout cela est en Lui, Dieu. Dieu est donc *Tout Cela*." — Qu'est-ce Tout Cela ? — Tout-Cela ? ... c'est ... c'est ... voyons, c'est Tout Cela !, c'est le *Tout de Cela*, c'est *Cela* et c'est Tout, c'est Tout ! — C'est notre misère multipliée infiniment avec ses qualités et ses défauts.

— Mais, enfin ... ? Enfin ? ... eh bien, le Sans-Fin —.

— Qu'est-ce ? — L'Infini. — Que veut dire *Infini*. — Ce qui ne finit pas, ce qui est sans fin : sans fin par-ci, sans fin par-là ; sans fin en haut, sans fin en bas ; sans fin ... enfin ... c'est Enfin, c'est ENFIN ... un *à bout d'arguments,* un coup de massue sur la logique : „Tais-toi donc imbécile ! tu en veux trop savoir, tu en sais déjà trop pour une petite fillette de logique que tu es ... N'en désire pas d'avantage. Ah ! un jour ... quand tu sortiras du Couvent... si tu en sors jamais..... lorsqu'on voudra bien t'épouser. :... alors, je ne dis pas, car alors, il arriverait que ton esprit cesserait d'être sainte-vierge — qui conçoit de Dieu, dans un rêve —. Alors... je ne dis pas. Mais, sortiras-tu jamais du Couvent?... et puis... seras-tu jamais épousée... ne mourras-tu pas auparavant?"...

— — — — — — — — — —

Hélas! l'Infini n'est-ce pas le Fini de notre intélligence? — les quatre murs de notre prison qu'il nous est doux, dans notre petitesse, dans notre rêve d'étendre et d'étendre encore d'avantage et d'avantage, ces murs de notre prison, afin de nous imaginer que nous sommes libres..... Hélas! mais quelque élastique que fut l'étoffe de notre rêve, sa quantité réelle, pas plus que celle du ballon dans lequel souffle, non vous, mais l'enfant..... malgré les proportions qu'elle prend, cette étoffe n-'a-u-g-m-e-n-t-e-r-a point, jamais, de quantité!!! — — — — —

Alors, quoi?... qu'est-ce cela que Dieu? — — — Attendez, un moment, et je vous dirai plus bas ce que j'en pense — pourvu que vous ne vous attendiez point à des surprises —. Pour le moment, voyez, on me presse de questions, on me somme de ne pas manquer à ma promesse, n'entendez-vous pas : „La Case!!! la Case!!, les chaines! la Rouelle!, la Case!!!"

Ah! en effet, j'allais oublier la Case, les chaines, la Rouelle!... Et pourtant, non! il me semble..... mais sûr! Vous êtes donc des aveugles! vous ne voyez donc les choses que quand on vous les touche du doigt! Cependant, voilà tout un précieux chapitre de temps que je vous ai promené, que j'ai rôdé avec vous, au Ghetto, autour de la Case, des chaines et de la Rouelle; que fites vous alors, à quoi donc pensiez-vous? Ou bien, pouvez-vous dire que vous n'étiez pas tout à l'heure avec moi au Ghetto? — Ah! je vous y entretenais d'autre chose!... Mais, précisément, il y avait des gens qui nous regardaient, qui semblaient vouloir écouter ... Alors, vous savez ... on ne parle pas corde dans la maison d'un pendu — ... et le moyen de parler *Case* au Ghetto!...

Enfin, je dois vous y ramener, mais à la condition que nous fassions vite, n'oubliez pas qu'il y a encore le Talmud à étudier, aujourd'hui même ... dans une heure, si possible. Or, vous savez, le Talmud ... ce n'est pas facile! Ne nous fatiguons donc pas trop au Ghetto —.

\* \* \*

\* \* \*

J'ai un professeur qui nous a fait, la semaine dernière, une conférence sur la chambre de Voltaire ... Oui, sur la chambre de Voltaire —. Il nous disait, ce maitre, que l'auteur de *Zaïr* avait besoin d'un poêle, je ne sais trop pourquoi faire —. Ma foi, si! si! je le crois bien, la salle était si froide, si glaciale et la conférence durait si longtemps ... toute une heure!... Or, puisque Voltaire y était — et, y était même le principal objet — il pouvait bien avoir plus froid que les autres et, il lui fallait donc un poêle.

— Pourquoi nous coutez-vous cette baliverne, elle n'a aucun rapport avec votre *Juif sur l'Ile du Diable.* — J'en conviens.

— Et alors ? —

— Alors, acceptez cela en lieu et place des points de suspensions ... que j'y aurais pu mettre. Car, dites-moi un peu, pourquoi donc met-on des points de suspensions, si ce n'est que pour laisser libre cours à l'imagination du lecteur, et la faire travailler là, où celle de l'auteur est à bout —?

Eh bien, plus aimable que les autres, je viens vous faciliter la tâche, en remplaçant moi même le vide des points, par quelque chose de substantiel —. Du reste, je ne fais, en ce cas, qu'imiter les chefs d'orchestres à l'opéra, lesquels, dans les entr'actes attaquent souvent des morceaux qui n'ont aucune corrélation avec la pièce jouée —.

Acceptez donc cela comme morceau d'entr'acte, comme point de suspension, encore une fois.

Ah, vous me direz : „Cependant, entre une bonne pair de points de suspension comme il faut, il y a souvent tout un livre avorté" —.

C'est vrai. Mais combien de fois aussi, dans tout un livre de trois volumes, n'y a-t-il que des points — vides de suspension, remplacés par des mots — aussi vides !... — Pour cela, vous n'avez qu'à jeter un coup d'œil sur certains livres français ... Voyez quelquefois Victor Hugo, par exemple —

— Vous êtes fou ! que donc Victor Hugo a-t-il à voir dans tout ceci?

— Ah, cela ..... patientez-vous, un moment, je vais vous le dire, tout à l'heure; mais, pour le moment acceptez ces points verbaux, d'en haut, que j'ai mis encore je crois pour me distraire, un brin. Il m'est permis de me distraire un brin, il me semble.

D'ailleurs, pour vous parler français — je suis déjà un peu las de ne parler que Dieu et substance — j'en eus déjà assez, il y a trois ans, à la Faculté de Berne, de m'occuper continuellement de Dieu et de sa substance. Voyons, s'occupe-t-il donc autant de nous et de notre substance à nous, ce Dieu?

\* \* \*

— Mais enfin, *est-il* ou n'est-til pas ce Dieu?

Pour moi il est, mais il n'est pas celui dont feu le Français Victor Hugo a parlé après sa mort ..... je veux dire dans une colonne de journal posthume, dans à peu près ces termes — les termes n'y font rien:

„Il est flamme et il est allumette, épingle!...
„Il est huile, ombrelle, soleil!
„C'est le rendez-vous et c'est la colombe —
„Dieu c'est l'arbre, il est aussi l'occident;
„Dieu c'est l'épi, mais il est aussi la Vierge.
„Il est le Sultan — mais aussi l'Arménien —
„Il est rue Masbou, c'est la neige qui tombe,
„Il est *Joc Maur*, il est la patronne qui donne
„Congé, la voisine bavarde, le rat qui empêche
„De dormir et la pompe qui gêle" —.

Ou, à peu près — Tout cela en vers, bien entendu. Or, comme poésie c'est incontestablement sublime — le génie ne tient-il pas de la folie. Mais... voyez-vous, comme Dieu!... brrrr! je n'accepte pas ce Dieu-là — Songez! le rat qui empêche de dormir... la pompe qui gèle — quand on a soif!... la patronne qui donne congé just au moment où...... Non! ce Dieu m'est horrible. Et pourtant, c'est là votre Dieu, à vous tous! N'est-il pas le *Tout,* la somme de tout ce qui est? —? —? —? — Or, la rue Masbou est; la voisine bavarde qui empêche de travailler est; la pompe est, et elle gèle — le rat est, et il empêche de dormir.

— — — — — — — — — — — —

— Vous avez mal compris. Quand nous disons: „Dieu est le Tout", nous comprenons le *Tout-Eclectique,* celui qui dans le Tout n'a pris que ce qui lui convient pour être Lui —. A la bonne heure! Et il est infini en même temps!? infini! infini! infini?! — Rien autour de lui! aucune limite... même pas celle de la méchanceté, de la médiocrite, enfin de ce qui nous dégoûte ou qui nous fait horreur... à nous, à notre esprit — à notre intélligence divine —. Car, ce qui nous repugne à nous, ne repugne point aux bêtes? —????????!!! Est-ce cela Dieu?????

\* \* \*

Non, mes braves gens, je préfère déjà à celui-ci, celui de Moïse: *Ehieh acher Ehieh* — *Je suis qui Je suis...* Voici un Dieu, comme vous le voyez, qui du moins est inattaquable, incritiquable, un Dieu prudent, puisqu'il n'a jamais voulu se faire connaitre et qu'il n'a même pas daigné présenter sa simple carte de visite: — „Ah, vous me demandez qui je suis, mon adresse *etc.* Eh bien, écrivez-moi poste-restante, sous les chiffres: E-H-I-E-H A-C-H-E-R E-H-I-E-H —.

Celui-ci, en effet, peu lui importe ce que vous penserez de lui et, si entre les bipèdes, et les quadrupèdes, vous lui réservez la place de la trinité, ou de tripède —.

Enfin, vous n'êtes donc pas pour le Panthéïsme et, vous ne pouvez être non plus pour l'Eclecticisme en Dieu ; quant aux autres systèmes, nous verrons plus tard si vous en êtes. En tout cas je puis vous assurer d'ores et déjà que pour Homo il n'est d'aucun de tous ces systèmes là, ne le voyez vous pas successivement passer et repasser de l'un à l'autre, rejeter l'un après l'autre, comme quelqu'un qui cherche quelque chose qu'il ne trouve pas, la chose cherchée ?...

Ah ! ce qu'il cherche ?... le salut... le repos de l'âme et de l'esprit, la clef du mystère..... du *Huis-Clos*, le moyen de se renseigner finalement sur son sort, sur ce qu'il peut encore espérer... Il ne l'a pas encore trouvé, hélas ! puisque vous le voyez encore passer de l'extrême désespoir au rire le plus fou, puis au calme d'épuisement et ainsi continuellement. Ne l'avez-vous pas vu déjà assez depuis le commencement de cet écrit jusqu'ici...? Car enfin, ce n'est point moi l'écrivain, qui m'impose ces transitions plus ou moins brusques, plus ou moins naturelles — — mais l'âme d'Homo — — Un livre n'est-ce pas l'âme d'Homo qui pleure, qui badine, qui cherche, investige, s'exclame, qui s'exaspère, qui peste et qui rit de nouveau ?... selon ce qu'il a dans l'âme en ce moment là — Chaque livre est donc un moment d'état d'âme en Homo, écrit sur le tableau noir... d'où un jour il sera effacé, plutôt ou plus tard, selon son importance pour le pauvre Captif — Alors, c'est le moment de la critique — l'examen de ce qui ne servira pas — quand il s'agit d'établir ce qui est utile — — — Il y a encore la critique par distraction — critiquer pour donner de l'occupation : pour voir ce que l'on pourrait encore faire … mais au fond — toujours semble-t-il, pour oublier ce qui se fait en réalité autour — — Les beaux arts par exemple, ne sont-ce pas des arts d'agrément ? … . ne les cultive-t-on pas que pour „rendre la vie agréable" ? — Elle ne l'est donc pas, hélas! Tout le monde ne le sait que trop …

A présent, dites-moi, un peu, comment trouvez-vous ce chapitre? — bien enchaîné, bien suivi, avec des transactions bien logiques? — N'est-ce pas que non? —

Eh bien, vous avez tort. Car, il y a logique et logique. Et, en premier chef, pour ne faire que ces deux distinctions là, il y a deux logiques principales, savoir : celle qui rampe, qui se traîne comme le gros reptile — — là, vous voyez toujours, en une ligne presque droite, la tête, le corps et la queue … Puis, il y a la logique qui galope comme le coursier fougueux — — Ici, dans un nuage de poussière, vous ne pouvez souvent distinguer qu'une étincelle qui jaillit du pavé … puis une tête qui se relève, celle du cavalier, une autre qui se courbe celle du coursier; les deux têtes qui se redressent à la fois, se courbent à la fois, puis se courbent et se relèvent séparément; tantôt vous voyez un superbe prophile de cavalier sur un cheval et, tout à coup coursier et cavalier ne forment plus qu'un seul point, presque insignifiant, puis deux jambes postérieures qui semblent menacer la route passée — puis ni queue, ni tête, ni corps, ni jambes, ni rien ...

Quant à moi, j'avoue avoir toujours préféré celle-ci — par goût probablement —.

Quoi qu'il en fut, ce chapitre est une logique, a une logique, n'est-ce pas la logique du Talmud? —

— — — — — — — — — — — — — — —

Ah! nous y voilà donc, je vous y ai emmené, sans que vous vous en doutiez!... Eh bien oui, c'était là mon but —.

Un rire, un point; un point, un tiret; une grosse phrase, un subterfuge, un point d'interrogation — une interrogation capitale touchant le ciel et foulant le sol, sans reponse jamais — ou sans réponse satisfaisante — voici, le voici le Talmud d'Homo!!... Ah! quant aux choses d'utilité — eh bien, ce qui était utile hier, n'est plus utile aujourd'hui — — — puisqu'elle s'use la vieille étoffe et, combien vite!

\* \* \*

\* \* \*

„Ah! Monsieur! monsieur! ......

— Hé quoi? voyons, dépêchons-nous, pas une minute à perdre! vous voyez, il va faire tard et je vous ai promis de vous montrer la Case...

„Ah! monsieur! monsieur! voyez!

— Non! hâtons-nous, vous dis-je —

„Ah! non, monsieur, restons un moment, voyez!...

„Qu'est-ce que cette folie-là qui vous prend, qu'y a-t-il donc de si amusant qui vous cloue là-bas, pour que vous me fassiez retarder le *Talmud*?

— Une chose, monsieur...
— Quoi?
— Voyez! voyez par vous même —.
— Eh bien? —
— Cette foule —
— Une foule —
— Ce magasin...
— Un magasin, n'avez-vous donc jamais vu une foule devant un magasin? —
— Si fait! si fait!..... mais..... lisez là, en haut —

— „GRAND BAZAR DU GHETTO" —
A
„LA BONNE HISTOIRE"
SANS CONCURRENCE DANS LE PASSÉ, SANS CRAINTE DANS L'AVENIR

— Eh bien, j'ai lu; c'est le principal bazar du Ghetto — ne l'avez-vous donc jamais vu, vous qui passez chaque jour devant?
— Nous n'y avons jamais bien fait attention — mais, voyez, Monsieur! voyez... cette foule!... presque la moitié du Ghetto!... Qu'est-ce qu'elle y vient faire cette foule, pourquoi s'y presse-t-elle tant?
— C'est la clientèle du *Bazar*, elle vient y acheter.
— Ah!!... Mais, c'est curieux quand même d'y voir tous ces gens divers!.. voyez ce grand monsieur, là-bas... le connaissez-vous, monsieur?
— Parfaitement, c'est l'Empereur.
— L'Empereur? vous dites l'Empereur?
— Parfaitement, je dis l'Empereur —
— L'Empereur au *Bazar?*

— L'Empereur au *Bazar*.

— Qu'est-ce qu'il y achète?

— Ce qu'il lui convient ... c'est-à-dire, ce qui convient à sa clientèle —.

— A sa clientèle?

— Parfaitement — c'est un marchand, puisque je vous ai dit qu'au Ghetto, il n'y a que des marchands, des colporteurs, des ...

— Alors, cet empereur est un marchand, un colporteur?

— Mais, tous ils le sont —.

— Pourquoi l'appelle-t-on l'Empereur?

— Parce qu'il a plusieurs quartiers de clients... plus ou moins constants —.

— Et il achète au *Bazar de l'Histoire* ... de la *Bonne Histoire*, des articles qu'il revend après à ses quartiers?!

— Pas tous les articles ... certains articles principaux — de première nécessité —.

— Et il les monopolise ces articles.? —

— Dans ses quartiers oui.

— Ah! en effet ... nous croyons l'y avoir vu, là-bas, dans un magasin, un petit bazar. —

— Son bazar à lui — Il est colporteur et négociant en même temps —.

— ? — Mais oui, il colporte dans son quartier général, les objets qu'il se fournit ici. Puis, là-bas, il a ses clients-colporteurs qui, à leur tour, revendent les objets à leurs clients. —

— Au même prix que dans ce grand Bazar-ci?

— Ah non! non point! ...

— Pourquoi alors, ne viennent-ils pas tous, acheter eux-mêmes ici? —

— Affaire de paresse... ou bien, ils ne sont pas au courant —.

— Et ce beau monsieur, à côté de lui...?

— M. le Roi... la même chose presque —

— Et ce gros, gros, gros, là-bas?

— Ah, M. l'Historien — l'inspecteur du Bazar. —

— Et ce maigrot là-bas — Le Poète — oh, lui! ce ne sont que des articles à un sou qu'il achète, il appartient à une classe, pour la plupart pauvre. —

— A un sou?... ah, je comprends... là, les joujoux pour enfants? —

— Pour enfants ou pour hommes: il y a aussi des joujoux pour hommes —. Ces petits violons, ces clavecins.

— Là, là!... voyez! M. Dallostrologo Savant! notre bon M. Savant, la vieille connaissance! Qu'est-ce qu'il y fait donc?

— Lui?... un des principaux clients de la maison; il est vrai qu'on s'y plaint un peu de lui... il bavarde beaucoup, oui! très bavard, le bon M. Savant, mais, aussi amusant. Il sait vous dire mille choses sur chacun des articles qui y sont étalés —; il vous dira d'où cela vient, à quoi cela sert ou servira —. Aussi lui pardonne-t-on volontiers son bavardage — surtout, il achète beaucoup.

— Et ces messieurs de la place de Rome? —...

— Eux, c'est autre chose. Ils ne revendent jamais les objets qu'ils se fournissent ici, purs et simples, tels quels,... ils les rebadigeonnent d'abord minutieusement... Souvent même ils vont jusqu'à enlever la marque du Bazar ... pour y apposer celle de Jérusalem —.

— Pouquoi cela ?

— Une affaire de convenance commerciale.

— Bien. Et ce Monsieur sombre, là-bas, qui se promène ?

— Ah! M. le Philosophe ?... achète lui aussi, mais difficilement — des articles bien choisis.

— Et les revend ?

— S'efforce de les revendre à tout le Ghetto, à tous, à M. l'Empereur, à M. le Roi, à M. Dallostrologo, à ces MM. de la place de Rome, ... enfin à tous —. Mais tous, n'achètent pas toujours ses articles ... ils sont souvent trop cher — et puis, on n'en fait pas toujours l'usage qu'il voudrait.

— Alors ses affaires ne marchent pas bien ?

— Pas toujours — Lui aussi, le pauvre, a plusieurs faillites sur la conscience, mais il finit toujours par se réhabiliter, car on sait que ce n'est pas de sa faute, ni qu'il y ait mauvaise volonté. — Puis, on a beaucoup critiqué ses divers achats, on n'a pas toujours trouvé les choses bien choisies, bien solides, bien fabriquées; aussi, à plusieures reprises, lui a-t-on rendu tous ses articles, on lui les a mêmes jetés à la face — et, vous comprenez s'il est devenu prudent, s'il est maintenant plus perspicace !... En effet, il ne sait plus que choisir, que rejeter ... et bientôt il finira certainement ou par acheter tout! ou bien, par rejeter tout ... Ce jour là, il fermera boutique et ce sera fini ! — — — — — — — — —

— Eh bien, il nous fait pitié, celui-là.... N'est-ce pas qu'il est encore le plus à plaindre?

— N'est-ce pas? —

— Et quand on songe qu'autrefois Horace a pu dire de lui qu'il n'avait que les dieux comme supérieurs dans le ... Ghetto, puisque c'est le Ghetto —: *Ad summam, sapiens uno minor est Jove etc.*

— Oh, quand Horace a dit cela, c'était encore dans ce vieux beau temps... où Homo était à peine sorti du Huis-Clos... il se croyait encore capitaine... Depuis, les temps ont changé! il y eut des déceptions, des amertumes... Le rélégué de l'*Ile du Diable* a déjà interrogé ses alentours, sans réponse!... à part celle des échos amis ou non, mais tous trompeurs semble-t-il — — — Enfin, vous savez ... depuis, le prisonnier s'est résigné — — — —!

— Vous parlez toujours, encore du prisonnier?

— Mais puisque nous sommes toujours au Ghetto—

— Alors qu'est-ce que ce M. le Philosophe au Ghetto?

— C'est Homo qui proteste contre ses Huis-Clos, qui en demande la cause, l'origine, pour savoir le terme... la fin — quand il pourra en sortir. —

— Et ce Bazar à la Bonne Histoire...?

— La mémoire d'Homo —.

— Alors, c'est là que M. le Philosophe, l'investigateur dans Homo enfin, achète?

— Parfaitement, pour distribuer les articles choisis à tout le reste de pensées quotidiennes en lui... cela a son importance, son influence, cela occupe, contente ou mécontente tout ce qui est son être — enfin, tous ses clients en lui — selon l'article.

— Et l'Empereur?

— Un moment d'effort dans un moment noir, de crise dans Homo, qu'il faut conjurer. — Alors, l'empereur qui est la Volonté concentrée dans Homo, s'empare de certains articles qu'il impose au reste de l'empire, à tous ses quartiers, par l'intermédiaires de ses colporteurs, de ses organes. C'est un decret, une décision.

— Est-ce que cela fait du bien?

Cela dépend. Il y a du bien lorsque les quartiers généralement acceptent, laissent faire. Cela prouve alors, qu'eux seuls, par eux-même ne sauraient faire leurs affaires, ne sont pas en état de se suffire par eux-mêmes, soit manque d'accord, soit manque d'intelligence pour leurs besoins, soit démoralisation ou dislocation complète — dont pourrait résulter l'anarchie, c'est-à-dire un état maladif de nervosité générale, tout l'organisme en souffrirait, une inquiétude permanente, ou momentanée. Alors l'empereur ou la volonté concentrée ayant été consulter le connaisseur, M. Savant, mais, surtout M. le Philosophe, choisit ses articles au Bazar et les impose à ses clients. - En ce cas-ci c'est un bien. Car, imaginez-vous l'Interné dans l'Ile du Diable, tout-à-coup envahi par une émotion trop forte, tout-à-coup foudroyé par quelque puissante commotion, tout-à-coup en bute à des angoisses nuisibles pour tout son être — Or, s'il ne trouve pas en lui la volonté assez prémunie... que deviendrait-il? —?!... Certes, comme vous le devinez, la volonté n'a sa puissance, sa raison d'être que lorsqu'elle se sait volonté ... c'est-à-dire lorsqu'elle a conscience de la faiblesse des autres — des clients, les catastrophes qui peuvent en résulter pour l'ensemble des quartiers, pour tout l'empire et qu'elle n'agit que par devoir, toujours en ayant en vue le bien général. — Alors les choses se font avec harmonie. —

Mais, toutes les fois que ce n'est pas ainsi — que la volonté n'agit que par ou pour elle-même, sans trop se soucier des clients, sans même passer au Bazar, pour y donner un coup d'œil et se faisant livrer les emplettes par de tout autres intermédiaires que M. le philosophe, ou M. Dallostrologo... Alors... elle ne réussit pas! il y a les quartiers qui se révoltent — car, malgré leur faible intelligence — ils en ont toujours assez — ne fut-ce que par instinct... pour comprendre qu'on leur fait inutilement violence — Ils rejettent donc tous les articles qu'on veut leur imposer, à moins qu'on ne les trompe habilement. Il arrive aussi quelquefois que cette volonté-ci, qu'on appelle l'empereur despote, est tellement violente qu'elle ne tient aucun compte des protestations des quartiers. Mais cela est toujours funeste à tous. — Voyez Socrates; chez lui, l'empereur despote en lui a pu imposer la ciguë à tout l'ensemble de ses clients des volontés accessoires — ils en sont morts tous. —

Or, ces lois-là, ne diffèrent pas de celles qui régissent Homo, dans sa vie intérieure. —

— Mais, n'y a-t-il pas des quartiers qui fassent leurs emplettes par eux-mêmes?

— Il y en a.

— Comment les choses se passent-elles là-bas.

— Ici aussi cela dépend. Généralement les quartiers ne se fournissent par eux-mêmes leur objets que, d'abord lorsqu'ils sont au courant des choses et de leurs valeurs; puis, il faut qu'ils soient bien décidés à ne pas se faire concurrence, à ne pas se nuire mutuellement. En ce cas, ils n'ont en vue que le bien général et, ils peuvent se passer de M. l'empereur, car ils deviennent alors volonté concentrée, eux-mêmes.

— Comment les choses se font elles, dans ce cas, en Homo?

— En ce dernier cas, c'est la somme des désirs qui décide, qui devient volonté, cela revient au même.

— Y a-t-il un avantage?

— Ma foi, pas toujours. Tout dépend comment se portent et se comportent les désirs généraux ... de quoi ils sont faits et de ce qui constitue leur goût —. Puis encore de leur intelligence ou même de leurs instincts. Car, s'ils laissent aveuglement prédominer quelques désirs particuliers... Alors s'en est fait. — Surtout quand ces désirs particuliers ne sont point conformes à ce qui doit faire le bien général — de chacun, de tous.

— Est-ce une théorie nouvelle que vous nous exposez là?

— Je ne pense pas. Rien n'est nouveau au Ghetto, le père Salomon vous l'a déjà dit; tout y est vieil habit et, c'est précisément pour cela que nous autres tailleurs, nous sommes obligés de coudre, de recoudre les choses de nouveau, chaque fois qu'il y a une couture ouverte — — — avec n'importe quel fil.

— Alors on ne doit au tailleur que son fil?

— Parfait.

— A présent, veuillez nous dire, monsieur, qui est chargé du contrôle de M. l'empereur et des quartiers, au Ghetto? car ils peuvent commettre erreur —

— Malheureusement c'est ce qui arrive fort souvent. MM. le Philosophe et Dallostrologo Savant sont là pour inspecter les choses et pour donner leurs avis.

— Peut-on avoir confiance en eux?

— En eux-mêmes... certes, ils peuvent se tromper à leur tour... vous savez au Ghetto... avec la lumière du Ghetto... Mais, je puis vous assurer que quant à être sincère ils le sont... quant à eux-mêmes —.

— Cependant, Monsieur, il arrive...

— Ah! cela, je le sais. Il arrive que des employés de M. Savant ou de M. le Philosophe se laissent acheter ou flatter... ce qui revient au même, puisque la flatterie est la monnaie dont on comble les caisses... vides d'esprit. Hélas! alors... en effet, il arrive que les choses vont mal et que le mal reçoit de l'appui — dans ces vils employés. Tenez, vous devez connaitre le sieur Macchiavel, vous savez quel rôle il a joué. — Il est vrai que les opinions sur le compte du but qu'il poursuivait sont diverses. Mais enfin, ses paroles n'ont pu être comprises que d'une façon par les princes — Or, si vous saviez le mal qui en résultait souvent!...

Puis, il y a encore d'autres inconvenients. Il n'est pas rare de voir des gens sans qualité ni mandat falsifier la signature de M. Dallostrologo ou de M. le Philosophe et de se présenter en leur nom, comme leurs employés... comme l'a fait ce charlatan de Voltaire — — — Le mal qui en résulte est immense, car ils savent toujours ces gens là, prendre l'air et le ton et jusqu'à l'uniforme de la Maison... Heureusement qu'ils finissent toujours, tôt ou tard, par se trahir eux-mêmes. — On les découvre, on les chasse et c'est tout. Mais, vous savez qu'il est difficile de réparer un mal engendré —.

— Ah! vous dites Voltaire?... N'est-ce pas ce chenapan qui habitait à côté de M. Jean-Jacques?

— Précisément, qui habitait à côté de Jean-Jacques, un honnête courtier de M. Dallostrologo et de M. le Philosophe, ce Jean-Jacques, mais qui eût le malheur de déplaire au sieur Ignace.

— Ignace? quel Ignace?

— Vous ne connaissez pas Ignace, le grand, le puissant Ignace qui domine maintenant dans presque tout le Ghetto? Vous n'êtes donc jamais allé à Rome? ... Eh bien c'est regrettable. Car, si vous y étiez l'été dernier, quand il eût, ce M. Ignace, son pompeux anniversaire, fêté avec tant de solennité dans le temple dit *Chiesa di Gesù*, si de là vous étiez envoyé en mission parlementaire vers la rue d'Orra-Coeli, au n° 2, si je ne me trompe et, si moyennant d'une pièce de deux sous, vous aviez l'extrême honneur de vous faire conduire, par un jésuiticule dans le cabinet particulier de S. S. M. Ignace, vous l'y auriez vu, avec ses admirables petits yeux luisants d'où se dégage toute la ruse loyolienne, avec sa physionomie, moitié juif polonais, moitié loup et berbère peau rouge. ... Oui, vous l'y auriez vu, dis-je, et, en sortant, vous vous seriez dit: Oui, oui! c'est cela, ce ne pouvait être autre chose! je m'y attendais! — Surtout, si avant que de sortir le charmant jésuiticule vous aurait si complaisamment promené dans la demeure même du grand homme et si, arrivés dans son cabinet de travail et de recueillement, il vous y avait dit: Voyez, Monsieur, depuis que notre illustre maitre a mis le pied ici, depuis qu'il a quitté l'armée espagnole pour devenir notre général, depuis qu'il s'est installé ici, où il a vécu, où il a pensé, invoqué Dieu, et préparé sa grande Oeuvre, rien n'a été touché ou retouché ici, tout est resté intact ...

Alors vous seriez immédiatement saisi d'une sainte panique, d'une terreur d'admiration et de respect égale à celle que Saül éprouva à l'apparition de l'ombre de Samuël.

En effet, un simple coup d'œil sur les murs couverts des très saintes et très délicieuses peintures, génialement exécutées, vous ferait voir des anges, sans ailes, de belles femmes blondes et chaudes ... jusqu'au point à trouver gênant jusqu'au dernier lambeau d'étoffe qui ait jamais couvert peau humaine, vous les verriez, dis-je, ces belles femmes blondes et chaudes vous donner une idée sur le St-Nu, mieux assurément que ne le ferait M. Arbibe fils dans quinze numéros de l'*Italie*, en parlant de l'*Exposition de Rome, été 1897;* et même, ces blondes belles femmes chaudes, comme si elles se croyaient de petites Parisiennes sur toile suspendues au Louvre, vous invitent si gracieusement à admirer leurs dos! —.

Eh bien, vous avez déjà une conception sur tout ce qui a fait la sainte vie de ce grand M. Ignace et de la façon dont il se recueillait et sur les saintes devises qu'il avait constamment sous ses divins yeux. Or, c'est sérieux, jamais Josué, semble-t-il n'a mieux exécuté le divin précepte: „La voici! ... tu y pensera jours et nuits et tu n'en détournera tes regards ni à droite, ni à gauche." ...

En effet, St-Loyola a pensé avec justesse, qu'il fallait commencer la céleste chose par le commencement et, avant que d'arriver au dos, voyez y, devant la porte, il y a une autre femme angélique, brune celle-ci, qui a également chaud — — — Eh bien, elle se charge de vous initier dans le principal chapitre de la Genèse — et, non seulement elle vous explique admirablement bien, comment Eve n'a jamais connu le froid avant que vint le Serpent — mais encore elle ne trouve pas, vous dit-elle, au moment critique ... une feuille assez large pour couvrir toute la bestiologie humaine qu'elle se croit obligée d'étaler à vos regards —.

Telle est la vie de St-Loyola. Vous concevez déjà à quoi il occupait ses infinis loisirs, vous vous expliquez maintenant la grandeur de son œuvre et d'où lui viennent tant de ses dignes héritiers. — Il a fait plus qu'*école*, il a encore fait *postérité*, dans le plus primitif sens du mot.

— Et vous dites, monsieur, qu'il était, ce grand homme contre M. Jean-Jacques.

— En outre, contre lui.

— Eh bien, je comprends, ... il est de la Caisse d'Epargne ce M. Ignace.

— Il en est le principal directeur aujourd'hui.

— Ah! alors ... il ne doit pas être bien ami des contrôleurs des choses au Ghetto ...

— Mais, précisément. M. Savant ... il l'abhorre — M. le Philosophe ... il l'exècre —.

— Est-il si puissant?

— Hélas! c'est lui qui gouverne maintenant les trois quarts du Ghetto.

— Alors, cela ne va pas fort bien, là-bas?...
J'imagine!

— Au Ghetto, cela n'allait jamais bien, mais, ce qu'on y voit aujourd'hui rappelle un moment de crise dont on ne nous y a plus habitué depuis quelque temps... voilà tout. Mais cela ira toujours ainsi... je le crains! du moins tant que cette caisse d'Epargne ne sera pas détruite, pour qu'elle n'absorbe plus les esprits d'ici par l'imbécile intérêt de leurs petits sous, dont ils ne reverront certes plus jamais le retour, jamais le remboursement; tant que la plupart des habitants du Ghetto n'auront leur esprit libre, virginal, assoiffé d'initiative —, tant qu'ils seront, hélas, livrés pieds et mains, de par leur propre volonté idiote, aux exploiteurs de la place de Rome — les affaires iront toujours mal.

Seulement, hélas! le mal est plutôt en eux-mêmes, en ces malheureuses victimes —. Je dis que le mal est plutôt dans l'agneau et non dans le tigre — — vous savez que quelque part, on a trouvé moyen de le soumettre, de le faire prisonnier, de l'enchaîner, de le nourrir d'herbe, le tigre. L'agneau, saurait-il jamais le faire?!... Or, les fourbes ne se présentent que chez les crédules, sont faits pour les crédules et, tant que les dupes ne cesseront pas de se prêter aux duperies, ils seront toujours dupés; ce ne sera plus Loyola, qu'importe, il y en aura tant d'autres!

\* \* \*

— Eh bien, quoi qu'il en fut, nous n'aimons pas les Juifs, et ce Ghetto nous est odieux.

— A moi également. Mais qu'y faire?

— Et la case, monsieur! la case!...

— Mais nous y sommes déjà presque, n'est-ce pas rue de la Case? voilà déjà quelques minutes que nous y sommes dans cette rue tortueuse; encore un instant, messieurs, et nous la verrons, la Case.

— Ah! en effet! la voici! la voilà, Monsieur, voici la Cas...

Chcht! n'en parlons pas, on nous entend, parlons d'autre chose, s'il vous plait —.

... Donc, Messieurs, je vous ai dit que d'après un mien illustre professeur, Voltaire avait froid et de plus, il avait, il éprouvait le besoin d'avoir un poêle.

— Qu'est-ce que cela nous intéresse?

— Juste! question que je me suis posée à moi-même, en ce moment-là. Pourtant il y avait quelque chose qui m'intéressait quand même, et, même beaucoup, savoir: sur le banc voisin trois étudiants en philosophie reprirent aussitôt la proposition. L'un dit: „Or, bon, il est avéré que M. de Voltaire avait froid. Pourquoi donc avait-il si froid? Il avait froid, parce qu'il n'avait pas de poêle. Mais pourquoi Voltaire n'avait-il pas de poêle? Eh! mon Dieu, c'était son droit, car, et pourquoi donc Voltaire ne pouvait-il pas ne pas avoir le droit de ne pas avoir un poêle? Or, il avait ce droit, or il en avait usé, donc Voltaire n'avait pas de poêle, donc il avait froid et *vice-versa* Voltaire n'avait pas de poêle, donc il avait froid." —

— „Bravo! très bien! bravo! applaudit une Russe étudiante en logique. „Bravo! bravo! bien conclu! fort bien conclu! *Ya-bogh!* bien conclu! très logique!"

L'autre dit: „Voltaire avait froid; on comprend qu'il avait besoin d'un poêle, il ne pouvait pas se passer d'un poêle. Donc Voltaire avait un poêle...

tout le temps qu'il avait froid. Mais, puisqu'il avait un poêle, pourquoi avait-il froid? Parce que son poêle ne chauffait pas et il devait en acquérir un autre. Donc — Voltaire avait froid et il avait besoin d'un poêle —..."

— Cela s'appelle parler avec beaucoup de bonsens, c'est de la vraie logique qui a de l'esprit celle-ci, s'écria une demoiselle française étudiante en logique.

Le troisième dit: „Voltaire avait froid et il avait besoin d'un poêle. Pourquoi avait-il froid? parce qu'il n'était pas chauffé. Pourquoi Voltaire n'était-il pas chauffé? Parce qu'il manquait de bois. Pourquoi manquait-il de bois? Parce que le bois en France est rare et que Voltaire, à cette époque était en France. Pourquoi le bois est-il rare en France? — Parce que Jules César y a fait raser jusqu'a l'arbre... Qu'est-ce que cela prouve? Cela prouve que César ne voulait pas que les gens se chauffent, en France. Pourquoi? Probablement parce qu'il les a déjà trouvés trop chauffés. Conclusion: Si Jules César était venu en Gaule au temps de Voltaire, il aurait laissé subsister un arbre pour que Voltaire pût se chauffer, car Voltaire avait froid et il avait besoin d'un poêle... Or, en l'absence d'un poêle il se serait chauffé avec du bois —."

— Permettez-moi, Monsieur, de vous serrer la main, dit une Miss qui étudie la logique, en s'adressant à M. l'étudiant qui vient de conclure si triomphalement. —

\* \* \*

— Pourquoi monsieur nous avez-vous parlé de cela? était-ce pour nous montrer trois étudiants qui concluent diversement?

— Non point !... mais ces demoiselles —.
— Ces logiciennes ?
— Parfaitement.
— Elles n'ont pas le même goût —.
— Vous le voyez.
— Il y a donc aussi un goût différent dans la logique ?
— Il semble. —
— En effet... pourquoi donc la Russe a-t-elle applaudi le premier ?
— Parce qu'elle préfère le premier...
— Et ainsi de suite ? —
— Et ainsi de suite.
— Donc logique d'intérêt ?
— Même plus... d'amour, cela revient au même.
— Quoi, Monsieur ! il y a une logique d'intérêt, d'amour !?
— Parfaitement, sans cela on n'aimerait pas ce que l'on aime —. Elle est souvent secrète, on ne la dévoile pas publiquement, mais on la suit et l'on agit d'après. —
— Quelle est donc la vraie logique, la bonne ? ou bien n'y en a-t-il point ?
— Au contraire ! il y en a autant que de méridiens... que d'horizons... que des parallèles...— Consultez ces gens... entendez les parler... voyez ce qu'ils font, pourquoi ils se querellent ; chez les diplomates et les théologiens cela est surtout visible.
— En ce cas, monsieur... ne vous offensez pas : est-ce bien logique tout ce que vous dites ?
— Pour moi, si —.

— N'arrive-t-il pas que la logique doute quelquefois en elle-même, d'elle-même?

— Ma foi oui! Puisqu'elle a fini par croire qu'elle rêve — — — comme dans M. le Philosophe par exemple —.

— Mais depuis que M. le Philosophe s'est dit: *Cogito, ergo sum,* il doit savoir qu'il ne rêve plus. — — „Cela n'empêche point: Cogito, *ergo sum,*" c'est un coup d'épingle qu'on se donne pour savoir si l'on rêve ou, si l'on ne rêve pas. Seulement on peut fort bien rêver aussi qu'on s'est donné un coup d'épingle et qu'on ne rêve pas, tandis qu'en réalité on peut rêver en même temps. „*Je pense donc je suis*" — ne dit rien. Quand on rêve on pense aussi, du moins semble-t-il qu'on pense — ne sont-ce pas nos pensées qui errent là, dans le rêve?

— Mais de quelle nature est-elle donc la logique?

Elle est pour l'intélligence ce que la colonne vertébrale est pour l'organisme.

Ah! nous comprenons — et, comme toutes les colonnes vertébrales ne sont ni de la même ossure, ni de la même dimension, ni d'une souplesse indentique — selon que les organismes diffèrent, les logiques diffèrent aussi.

— C'est cela.

— Cependant, quand, tout à l'heure, vous avez parlé de plusieurs logiques, vous n'avez pas englobé la-dedans les sophismes?

— Non, parce que cela est déjà le dernier abus que l'on ait fait de la colonne vertébrale, au Ghetto.

Les uns, les plus dégradés l'emploient comme saltimbanques, sur les places publiques, pour amuser les gens et, être payés, au besoin, immédiatement ..... être payés tout d'abord — les avocats des mauvaises causes par exemple —. Alors ils font des tours de force prodigieux pour plier, ondoyer et cercler leur échine —.

Les autres en font le même usage que le fils de la *Mère Carambole*, dans le roman de Pierre Zaccone — ils profitent de leur souplesse et souvent d'un trou par lequel nul autre organisme ne songerait, ni ne pourrait passer facilement, pour s'introduire dans un but de vol ou d'assassinat — c'est là le cas des théologiens fourbes et des diplomates qui ne sont pas sincères — car, il peut encore y avoir des diplomates honnêtes-gens. En tout cas la philosophie honnête abhorre celle-ci et l'appelle la fausse logique.

— Qu'est-ce, alors, que la philosophie ?

— C'est la logique en toilette, qui sort qui se promène ... qui prend l'air —.

— Dans quel rapport est à elle la logique ?

Dans celui que vous êtes, messieurs, quand vous êtes au lit, a vous mêmes, quand vous êtes debout et vous meuvez —. La logique est par elle même, la philosophie au lit ... couchée —.

L'esprit ? ...

— Quand vous sortez, vous pouvez mettre une toilette simple; vous pouvez aussi attacher une belle cravate à votre cou, y mettre une fort jolie ou plus ou moins jolie épingle, une bague au doigt et ainsi de suite. Quand la logique se pare ainsi, elle a encore de l'esprit — seulement, vous savez, dans ces choses là, il y a question de goût … et cela ne se discute pas; ou, pour être plus juste, cela se discute — —

Heine ne sortait jamais que bien épinglé … Or, demandez aux simples Allemands s'il leur a plu — —

On trouve fort élégante la logique de Voltaire en France … pour moi, c'était une dandinette — rien de plus —.

Et la poésie?

La logique qui ne se contente pas d'aller prendre l'air … mais qui entend encore faire de la coquetterie dans la rue ….. plus ou moins gracieusement, avec plus ou moins de goût. Généralement la logique honnête-femme regarde *cela* avec mépris, car elle … voyez comme elle marche dans la rue, sans regarder personne …, à pas mesuré, honnête —.

— Mais, les femmes honnêtes-femmes sont pour la majeure partie celles qui n'ont pas de quoi coquetter — — ou bien, qui se sentent trop lourde, pour cela —.

— D'accord. Aussi l'autre — — la coquette, consciente de ses avantages, entend-elle en user, et elle en use —.

— Que fait la science à la logique?

— Elle lui donne l'art de se mouvoir.

— L'étude est donc?…

— La gymnastique, c'est vieux!… La discussion est son escrime, c'est connu —.

— Qu'est-ce que la folie?

— La logique malade, infirme, tout le monde le sait.

— L'état idiot?…?

— La logique morte, la colonne vertébrale paralysée, ou quelque chose d'analogue.

— En somme, tout cela prouve qu'il y a variété de logiques et même variété dans leurs états.

— Et, de plus, chaque logique se trouve généralement logique — le petit souple ne se reconnait point inférieur au grand robuste *etc*. et *vice-versa* ; d'abord ; ensuite, chaque logique trouve logique la logique qu'elle aime : si celle qu'elle aime lui dissemble c'est la prédilection d'un sexe pour un autre : il y a aussi sexe —; si c'est une logique plus ou moins semblable — c'est une amie —.

— Alors, il y a aussi amour?

— Il y a répulsion et attraction partout.

— Et ce ne sont pas des petites filles qui lisent des romans que vous avez citées tantôt, en parlant des trois logiciennes?

Même pas des grandes qui en font, des romans... Même pas de celles qui se portent si bien! si bien! et qui sentent qu'elles se portent trop bien pour se bien porter — ... —.

Non! je vous ai parlé d'une Lise, d'une Miss et d'une Russe, toutes trois de ces filles élancées..... palottes, maigrottes, décharnées qui semblent du quatrième sexe : ni hommes, ni femmes, ni enfants, mais quand même des féminins.., des mâles féminins —. Enfin celles qui semblent nées en portant le deuil de leur printemps... des feuilles... des roses, de sèves et des tissues ; de tout ce qui est charnel... plantes éternellement chauves, immobiles, et dans les rameaux desquelles les vents tentateurs des passions ne viennent jamais souffler... trois logiciennes enfin! —.

— Et cela peut préférer, aimer?

Oui, préférer, aimer! L'amour et la haine existent partout, jusque dans l'Evangile qu'on dit tout-amour.

— Helas, Monsieur, hélas! il fait sombre...

— Ah! c'est que nous y sommes entrés déjà, nous voici dans les couloirs qui mènent vers la case.

— Il fait triste, monsieur! oh! qu'il fait triste ici!

— Sans doute. Causons donc, pour ne pas nous apercevoir de cette tristesse.

Causons — Est-ce bien, monsieur, cette diversité de logiques?

— Au Ghetto... oui.

Au Ghetto?...

— Parfaitement. Il y a dans nous, tout ce qu'il y a en dehors de nous, puisque notre intélligence de même que ces corps qui absorbe et la lumière et la chaleur du soleil, notre intélligence absorbe en elle toutes les images du monde extérieur et, la-dedans cela devient même un monde réel avec de vrais êtres vivants, animés, se meuvant, puisqu'ils sont même capables, ces êtres, de se reproduire par eux même, une fois, que ce monde intérieur crée, formé, est abandonné à lui-même — alors il se peuple déjà par sa propre force —.

Il y donc dans ce Ghetto-ci, un Ghetto intérieur, dans le monde intéllectuel de chacun.

Or, imaginez dans ce grand Ghetto-ci, que tous les habitants ne se réunissent, n'habitent, ne se promènent que sur une seule place, la seule éclairée, et même, ne marchent que sur un trottoir, dans une directions, tous, avec ordre.

Ce serait trop triste, trop étroit, ici et, le reste du Ghetto sans animation, abandonné, désert!...

Eh bien, il en serait de même dans le Ghetto intellectuel..... En effet, si toutes les logiques ne marchaient, ne se promenaient que dans une rue... sur un et le même trottoir... dans une et la même direction,... l'animation dans la ville intérieure... en souffrirait, il n'y aurait qu'une place...

Figurez-vous que toutes les colonnes vertébrales se ressemblent en tout et pour tout. Il n'y aurait jamais eu qu'une figure dans la rue, il n'y aurait jamais eu qu'un acteur au théâtre qui aurait été le spectateur même. Si toutes les logiques étaient analogues, il n'y aurait eu qu'un costume, pour toutes les tailles, puisqu'elles seraient toutes égales. Je veux dire qu'il n'y aurait jamais eu qu'une intélligence. On n'aurait jamais fait qu'un discours ..! celui d'Isaïe, la Jérémiade, les Philippiques, celui de Balaàm à son âne, ou *vice-versa*, celui de St-Ignace, ou ceux de Bossuet, de Mirabeau, de Gambetta ou de Josué Carducci sur la *Belezza* — la Beauté. C'est-à-dire un seul de tous. Et, même, ce discours quelconque, chacun aurait pu le faire et ..... comme il arrive toujours dans ce cas, personne ne l'aurait fait, n'aurait voulu le faire, de sorte qu'il est probable que ce seul discours même n'aurait jamais été prononcé. De même il n'y aurait jamais eu qu'un livre, dans l'esprit de tout le monde, que personne n'aurait pas voulu écrire, ni même lire ... Il n'y aurait jamais eu qu'un seul pauvre Dieu, dont nul n'aurait songé à prendre la défense ... et, on l'aurait laissé tranquille — — —

Enfin, on se serait ennuyé beaucoup, on aurait baillé aux cornets depuis le matin jusqu'au soir et le Ghetto n'aurait pas été supportable un seul instant... Vous mêmes, tout-à-l'heure, vous avez trouvé ces couloirs trop tristes pour vous y engager. Nous-nous sommes mis à causer... et, voilà que l'on ne s'en aperçoit plus.

— C'est vrai!
— Vous comprenez donc pourquoi il y a élèves qui s'instruisent et professeurs qui enseignent; pourquoi il y a variété, dimensions... et, contradiction partout, en tout!... Cela divertit. La variété provient de la contradiction.

Est-ce une règle générale?
— Au Ghetto, c'est une règle générale; la contradiction est en tout, partout, et, elle est nécessaire, c'est elle qui fait la variété.

Prouvez la contradiction dans la logique.
— Soit, je veux la prouver!
— Par $2 \times 2 \ldots$?
— Par $2 \times 2$ —.
— Prouvez.
— Eh bien. Combien font $2 \times 2$?
— 4.
— 10 fois 4?
— 40.
— Est-ce que le multiplicande 2 augmente par la multiplication?
— Parfaitement, la logique l'exige.
— Bon! $40 \times 3,000,000,000,000,000$?
— $= 120,000,000,000,000,000$.
— Cela augmente toujours?

— Toujours, la logique l'exige.
— Fort bien! Multipliez, à présent, 120,000,000-000,000,000 par le nombre 10, ... 1000, ... par le nombre — — — — — — — — —
— — — — — — — — — —
— — — ∞ — — — infini.
— Soit, cela donne ... cela donne ... résultat ... résultat ..... cela donne en résultat un nombre ... le nombre *infini.*
— Qu'est-ce que le nombre infini?
— La somme totale de tous les nombres.
Y a-t-il une somme totale des nombres qui donne 1 au résultat?
— Non.
— Le nombre infini est ce que cela ne donne pas au résultat l'Infini?
— Parfaitement.
— L'Infini est-il 1 ou non?
— Il est parfaitement 1, la logique ne permet pas de le comprendre autrement.
— Eh bien, voici l'affaire. La même logique qui ne vous permet pas d'admettre que la somme de plusieurs nombres — vous savez que la multiplication n'est qu'une addition simplifiée — donne 1 au résultat, la même logique, dis-je, ne vous permet pas non plus d'admettre que la somme de tous les nombres donne plus que 1 au résulta .....
— C'est vrai.
— Or, essayez de l'interpeller, en ce moment, cette logique, dites-lui qu'elle est illogique, elle essayera de se tirer d'affaire par des subterfuge. Elle vous dira, pardon: „L'Infini est 1, une stricte Unité,

est ce que cela empêche qu'elle se compose de la somme de ses fractions ?"...

Or, la voici qui vous fait prendre pour des fractions ce qu'elle vous a d'abord rigoureusement recommandé de ne prendre que pour des unités. De plus, elle vous a toujours dit de vous bien garder de ne jamais compter ensemble les objets de diverses natures, par exemple de ne pas dire : 3 encriers et 4 soleils font 7. Cependant, en vous disant maintenant que chaque chose est une fraction du Tout, de l'Infini, elle vous ordonne de faire le contraire, c'est-à-dire d'ajouter les objets, de les compter ensemble ; et, en effet, on peut toujours additionner n'importe quelles parties d'une et la même Unité ; même, il faut absolument le faire pour réobtenir l'unité —. Où est donc la logique absolue, au Ghetto ?

— En effet, monsieur, ce que vous dites là est juste. Mais, pourquoi est-ce ainsi ? Car, tout d'abord, la conception même que la Logique nous donne sur l'Infini est quelque chose dont l'intélligence ne peut point sortir et dans laquelle il est pourtant si misérable de rester... Pourquoi est-ce ainsi ?

— Pourquoi ?..... et ces épais et noirs murs, pourquoi sont-ils ici ?...

— Ces murs... Dieu !... la Case ! nous sommes dans la Case ! hélas, oui... voici... le voici le prisonnier !... Oh, qu'il est misérable, qu'il est abattu ! qu'il est à plaindre !!!... voyez-le...

— Chcht !... ne criez pas si fort, ne le reveillez pas, il est plongé dans un rêve, cela lui fait du bien, cela lui fait oublier...

— Ah ! pauvre ! pauvre capitaine dégradé ! pauvre, infortuné Juif ! Non cela nous fend le cœur de voir ainsi ce malheureux Homo !... Ah ! monsieur, vous dites qu'il rêve... Qu'est-ce que le rêve ?

— Je vous l'ai dit, messieurs, de la distraction... or le monde qui est en lui cherche à se divertir, tout comme nous... car ce monde qui est en lui est, lui aussi, las de voir son infini, se heurter continuellement contre les murs de leur case...

— De leur case ?...

— Mais oui, de leur case... de sa Case d'Homo, de notre Case à nous tous...

Hélas ! oui, c'est vrai, vous nous l'avez dit, monsieur : tout ce qui est en dehors de nous est en nous. Or, il est lui dans la Case, dans cette affreuse Case... et... il l'a, cette Case également en lui... dans son monde intéllectuel... hélas ! hélas ! qu'il est désastreux !...

— Et nous donc !...

Ah oui ! c'est exact... et nous aussi nous sommes dans la Case ! et chez nous aussi la conception de l'Infini se heurte continuellement contre ces épais, ces sombres murs, ces impénétrables bornes de notre intelligence, de notre Être intérieur qui est nous-mêmes et qui gémit dans cette morne Case ! dans sa triste, dans sa terrible Case !!!...

— — — — — — — — —

\* \* \*

Hélas ! oui ! malheur à nous ! malheur à nous ! maintenant nous comprenons tout, tout ce que vous nous avez dit jusqu'ici..... Hélas! oui, il est une Tyrannie, une sanguinaire Tyrannie qui règne et qui régit les mondes, tous ces mondes, les grands et les petits, tout ce qui fait notre univers ...

Hélas! oui, nous sommes tous enfants du Ghetto, du sombre et cruel Ghetto! Ah! cette chair d'Homo qui souffre ... mais c'est la chair de notre chair! ... mais, c'est notre sang qui s'égoutte ... notre âme qui se tourmente, notre être qui est supplicié!... et, c'est un Dieu sanguinaire qui le saigne, à petites doses ... et, s'il ne le tue pas en une fois, le malheureux! c'est que le sanguinisme de ce Dieu raffiné veut jouir doucement de notre être.

Ah! nous ne comprenons que trop pourquoi cette méchante Divinité hypocrite se fait passer pour si bonne!... tant qu'on ne la connaît pas; pourquoi elle a fait semblant de nous laisser encore tant de „biens" dans ses maux. Certes, si le prisonnier de temps à autre, peut quitter ses chaînes, ce n'est que pour qu'il pût trouver spacieux, cette étroite cellule, dans laquelle il doit tournoyer et tournoyer, se promener de long en large, dans tous les sens, continuellement, pour se donner les illusions d'une marche libre ... en plein champ ... en plein air. Et pourtant hélas! on étouffe ici; l'air n'entre que quand le geôlier veut bien ouvrir ce soupirail qu'il tient d'ordinaire fermé à clef ...

O sort! ô maudit sort! et ces chaînes ... hélas! voyez ces chaînes, il ne peut donc même pas toujours quitter ses chaînes, se toujours mouvoir, même dans cette étroite, si étroite cellule, dans cet air si fétide, si malsain, si empesté!!!

— Hélas! non ... car, voyez ... combien elles tiennent à sa chair ... — — — — — —
— — — — — — — — —
— — — — — — — —

Voyez! combien cruels sont les Juges du néfaste, à jamais maudit, à jamais néfaste *Huis-Clos!* ... Ils ont ordonné aux geôliers de lui forger des chaînes qui ne fassent qu'un avec sa chair ... qui s'engrènent dans son être et le maintiennent là ... ne lui laissant la liberté que celle des membres à pars ... et encore! ...

Or, hélas! vous voyez les douleurs qu'il en éprouve au moindre mouvement ... cela lui vient de ces affreuses chaînes, ces douleurs ... qu'on appelle ses passions ... ses petites passions ... ses petites douleurs ... lesquelles pourtant ont une somme infinie, puisqu'elles sont constantes ... puisqu'elles lui viennent de sa chair éternellement endolorie ...

— Epouventable Divinité! ... Et il ne saurait quitter cette chair ... qui tient enchaîné tout son Etre réel ... tout ce qui est Homo, certes, non! ... le Divin Geôlier, la lui a forgée exprès pour qu'elle s'engrène dans son âme et la tienne, ici, en cet état pour ne lui laisser la liberté de s'en dégager que rarement ... et encore n'a-t-il alors que ces quelques mètres d'espace où il lui est permis de se mouvoir ...

Ah! nous comprenons maintenant tout ses actes, tous ses gestes, tout ce qu'ailleurs semblerait étrange est si naturel hélas chez lui! ... Il souffre et se débat vainement contre ces chaînes ... qui ne lui laisse et de libre que la tête ... et encore, ne peut-il la mouvoir en tous les sens... Vainement il tente, dès qu'on lui ôte les chaînes, de se frayer un passage à travers ces sombres murs, ces impénétrables murs.... Inutile! il n'y parviendra jamais! jamais! jamais! jamais! jamais!!!!!! — — — — — — — — —.

Allons Monsieur, fuyons! nous ne pouvons pas voir cela! Non, nous ne saurions plus longtemps supporter ce lugubre spectacle... Fuyons! fuyons! N'y pensons plus! — — — — — — —

\* \* \*

\* \* \*

Ah! Monsieur, enfin... on respire, on est heureux quand on n'y songe plus! N'y songeons donc plus, divertissons-nous. Vous avez raison de dire qu'ici au Ghetto on ne fait, on ne cherche que la distraction, dès qu'on a pourvu à la nécessité.

— Bon, n'en parlons donc plus. —

— Et pourtant... ce cauchemar nous reste encore, quel affreux spectacle! quel horrible quelle noire vision!...

— N'en parlons plus.

— Bon, bon! en effet, n'en parlons plus, abordons un autre sujet.

— Allons étudier le Talmud.

— Soit! Allons y — mais, en attendant reparlons philosophie, si cela vous fait plaisir, ou bien reprenons notre sujet de conversation, là, où nous en sommes restés en entrant... dans cette horrible...

— Bien. Nous avons causé de l'Infini ou plutôt de la logique.

— Oui. Et vous-avez prouvé que la logique, au fond n'est pas absolue. Mais, n'y a-t-il pas une logique qui soit bien *logique* celle-ci?

— Toutes les logiques, à moins qu'elles ne soient malades — le sont; mais à une petite distance seulement. Dans les vastes trajets elles cessent de l'être.

— Pardon, monsieur, une question d'abord.... N'y a-t-il pas une logique qui soit commune à tout le monde, à tous les hommes?... On voit cependant dans bien des cas la majorité des hommes en état de pouvoir se mettre d'accord.... Voyez, par exemple, rien qu'ici ... entre nous ... nous sommes ici plusieurs et cela n'empêche pas que nous soyons d'accord, sur telle ou telle question ...

— Voilà où je vous attendais. C'est effectivement un point essentiel à établir. Or, il y a une logique commune, comme il y a des besoins communs, un organisme commun à tous les hommes. Seulement, cette communauté n'est qu'un point grossier. Sans doute, tous les organismes humains se ressemblent à première vue — — cependant, il n'y a pas deux organismes humains qui soient identiques, par plus que leurs faces ... même chez des frères jumaux dont l'un se confond souvent avec l'autre, quand notre œil ... n'y est pas habitué — ...

Sans doute les premiers besoins sont d'apparence communes à tous les hommes. Mais, examinez bien les choses de près, et, vous verrez quelles divergences, sous tous les rapports. Prenons par exemple, la nécessité de se nourrir. Or, ce qu'il y a de commun entre tous les hommes et même entre tous les hommes et les bêtes, c'est *manger*, un point grossier, bien visible. Cela ne comprend pourtant ni une égale substance, ni une égale qualité, ni une égale quantité, ni un égal résultat pour l'organisme tout entier —.

Eh bien, ce qu'il y a de commun, en fait de logique, chez tous les hommes, c'est l'essence même de la logique. Sa capacité de juger et, même, dans les lignes grossières la façon dont elle se prend, les instruments qu'elle emploie, si je m'exprime ainsi, pour juger —. Mais, une fois assise dans sa Tribune... procède-t-elle de la même façon? juge-t-elle identiquement avec les autres?... Sa sentence est-elle la même? Oh! que non!... Il est vrai que la chose est délicate et que vous ne sauriez la saisir que moyennant un grossier exemple dont je veux me servir.

Eh bien, voyez-vous, là-bas, à distance le *Bazar à la Bonne Histoire?* Voyez, le soleil qui nous éclaire, en ce moment-ci, est le même, car, il n'y a pas trente-six soleils, en ce moment-ci, pour éclairer notre globe. Or, chacun de vous a la *Vue;* identifiez-là, un instant avec la Logique. — Elle est saine chez chacun de vous, comme chez moi. Dites-moi, à présent, si vous *voyez* tous également bien cette façade là du *Bazar.* N'est-ce pas que non. L'un de vous voit distinctement, clairement, nettement, toute la façade, toutes ses inscriptions, avec leurs points et virgules —. Il voit même jusqu'aux légèrs griffonnages que les enfants ont faits çà et là, sur le mur de la façade, même, il voit nettement, tout ce qui se passe à l'intérieur du Bazar... jusqu'au fond — ce mur intérieur sur lequel il peut encore lire l'inscription qui s'y trouve. Tout cela lui donne un certain ensemble d'aspect et de couleurs qui n'existent certainement pas pour les autres, dont l'un ne voit que la façade et l'enseigne „*Bazar, etc.*'... il ne voit même pas bien distinctement les lettres.

Un troisième tout en voyant autant que le premier, ne voit pas les choses sous le même aspect, ni avec absolument les mêmes nuances de couleurs. — Un quatrième, voit là-bas, un mur — toute cette façade lui paraît un mur avec des trous pour portes et fenêtres —... Mais tous, nous voyons la façade.

Or, ce qui est le soleil pour la vue, la vérité l'est pour la logique. La Vérité ne peut être qu'une, pour éclairer tout le monde, mais la vue... mais la logique... Et pourtant, qu'il s'agisse d'envoyer un agent inspecter et constater quelque part certaine chose, on se contente généralement de n'importe quel homme, pourvu qu'il ne soit ni aveugle ni myope, ni presbyte, c'est-à-dire quelqu'un qui ait *la vue normale*.... Eh bien, si vous entendez les choses de cette façon, il y a une *logique normale*.

Mais, je vous préviens encore une fois, pour de courtes distances seulement, où les choses sont grossièrement visibles. Vous avez vu que pour la Logique même, j'entends la *Normale*, une chose est vraie à petit trajet, et, ne l'est plus à la longue, à l'infini. Nivelez par exemple, cette place là, apposez y une surface plane et, continuez l'opération par toute l'étendue de la terre, le résultat devrait être une immense surface plane et,... c'est un Globe, une surface sphérique... N'est ce pas un paradoxisme? Or, vous me direz: ce que vous exposez là, tout le monde peut le comprendre. Il y a donc quand même une logique commune!

— Parfaitement, je l'ai dit, pour de petites distances, car je ne viens qu'exposer là qu'une chose grossièrement visible — tout le monde peut s'y mettre d'accord. Mais essayons de faire la navigation au long cours... Allons ensemble jusqu'à *Dieu*... jusqu'à l'*Infini* et vous verrez qu'il y aura tout-de-suite autant de Dieux, autant d'Infinis, que nous sommes ici des logiques et des logiciens.

Vous me direz encore: „Mais cela aussi tout le monde peut le comprendre." Parfaitement, parce que c'est encore une tracée grossière, aussi grossière que celle du Globe terrestre qui est dans notre cerveau ou, que la distance qui nous sépare du soleil dans notre esprit... car, observez un peu vos facultés et vous verrez la goujatterie qu'elles commettent en pareil cas: un cercle tout-de-suite tracé, pas plus gros que *ça*... forme l'Infini une ligne en fil à plomb vite abaissé, long comme *cela*... c'est tout cela fait dans notre esprit la distance de la terre au soleil... Mais, dès que nous nous mettons à mesurer... à sonder ... Eh, mon Dieu! il y a des centimètres dans les myriamètres... il y a le bâton qui fait sa courbe dans l'eau... et les regards divergent déjà!... „Ajoutez!..." — „Non! il faut retrancher!" — „Ni l'un, ni l'autre" messieurs! —

„Tenez le bâton droit!" — „Il est droit." — „Non! de ce côté-ci, inclinez-le de ce côté." — „Vous vous trompez, que diable! il faut le pencher, au contraire, de l'autre côté."...

— A quoi cela tient-il?

— A la faiblesse de la *Vue*, à la faiblesse intellectuelle. — Celui même qui comprendrait la vérité n'a pas assez de force pour la faire comprendre à ceux qui ne peuvent pas la comprendre. Et ceux à qui il ne manque, disons, qu'un centimètre intellectuel pour comprendre, ne peuvent pas se procurer ce centimètre — ...

— Comment font-ils en ce cas, là où ils semblent se comprendre? —.

— Ils s'arrangent, pourvu qu'ils aient la bonne volonté de s'arranger... Vous l'avez vu avec les trois logiciennes, Lise, Miss et Russe chaque „vraie" logique admet que l'autre pût être logique... elles ne se querellent donc pas alors. Mais cela testifie déjà contre une logique *une* et *vraie* ... —. Sans cela, sans un centimètre de bonne volonté qui supplée à la bonne intelligence, pas moyen!... Voyez les systèmes philosophiques qui ne se comprennent jamais mais qui s'admettent ...

Donc, ils s'arrangent les gens. C'est-à-dire ou la masse des faibles... est entêtée, alors celui qui est au-dessus cède et descend... jusqu'à leur niveau. Tel fut par exemple Moïse —. Car, voyez combien de siècles il lui fallait, après sa mort, pour que le peuple commençât enfin de saisir le sens de ce qu'il leur a dit. Tel fut encore „Dieu" lui-même. Car, sachant avoir à faire à des gens qui ne comprennent Dieu que dans l'homme, comme c'était dans l'intelligence des païens, n'est-il pas descendu... „jusqu'à se faire homme", à en croire ces mêmes païens? —

Dans le cas, où ces faibles sont animés d'un peu de bonne volonté, ils procèdent par soudage; c'est-à-dire qu'ils soudent leur faible intelligence à celle-là, supérieure, par n'importe quoi, ne fut ce que par un morceau de bois, au défaut d'un brin d'intelligence. Il est en effet plus facile de se procurer une stère de bois qu'un millimètre de bon sens. Or, ils lui tendent, à cet intelligent d'un degré au-dessus, quelque chose, de n'importe quelle nature et qui permit de se souder, toujours moyennant la bonne volonté. Ainsi agirent, du reste, les pêcheurs, quand Jésus leur parlait.

Comme simples pêcheurs juifs, ils ne purent certainement pas bien savoir ce que le Nazaréen voulait au juste. Mais, ils avaient en place la sainte volonté et ils dirent: „Parlez! parlez! nous comprenons tout." Ce n'est pas précisément qu'ils aient compris, mais, pour établir le bon accord, ils ont réussi — ils se sont mis d'accord, même d'avance —: „Pourquoi est-ce que vous parlez aux autres qui discutent vos paroles et ne parlez vous pas un peu à nous qui voulons vous écouter sans discuter pharisaïquement."

— Parce que ... eux ... ils sont à la hauteur.
— Et nous donc?
— Vous ne l'êtes point.
— Alors vous nous méprisez?
— Il ne s'agit pas de cela, il s'agit de comprendre.
— Eh bien, nous ferons tout ...
— Impossible, quand on ne comprend pas.
— Nous tâcherons ...
— C'est trop haut.
— Nous sauterons.
— Vous retomberez.

— Alors, nous tenderons ce bâton, qui atteindra votre hauteur, pourvu que vous parliez, car nous avons le désir de vous entendre. De plus, nous vous promettons de ne rien discuter ... de ne faire qu'écouter, oh! parlez! parlez!

— Votre bonne volonté me touche, je ne puis vous le refuser" —.

\* \* \*

Vous savez le reste . . . . . .
. . . . . . . . . .

— Mais qu'est-ce alors qui les pousse, ces gens, en général à vouloir comprendre quand même ce qu'ils ne comprennent pas ? —

Les mobiles en sont multiples! Dans un pays despotique, c'est plutôt la crainte, la terreur qui oblige les habitants de bien vouloir comprendre ce qu'ils ne comprennent pas du tout. Dans un pays liberal — et vous en avez à présent même la preuve dans le quartier Franc . . . vous savez ce qui s'y passe — c'est souvent la vanité ou le spectre d'un danger commun réel ou non suspendu devant leurs yeux. Ici aussi, ils se mettent d'accord, mais leurs logiques n'adjacent point —. La vanité innée a parlé, a dit : „Comprenez ! il faut, il est urgent que vous compreniez, c'est moi Sacrée Vanité, qui vous en prie, qui vous l'ordonne; il y va de mon honneur !" Le moyen de résister devant cela ! On se hâte de comprendre, même par tous les moyens incompréhensibles et voici le bon accord. Une autre fois, c'est la Haine . . . on excite la Haine et, tous les poings se mettent d'accord — les poings! — Cependant on dit: tous ces hommes-là, c'est-à-dire, tous ces esprits sont d'accord —. En général le trait d'union dans un peuple est plutôt la sottise, le bas instinct flatté, mais l'intelligence y est rarement. Aussi voyez-vous les démagogues, quand ils veulent gagner la foule, leur parler au nom de St-Estomac — devant cette divinité tous s'inclinent, tous comprennent. Tous les soldats d'Attila étaient d'accord chaque fois qu'il y avait des ravages à faire et des dépouilles à se partager. Ceux d'Alexandre ont suivi leur chef tant qu'il n'y avait d'inconvénients pour la *bestie* humaine, qui était en eux. Ah! quand vous parlez à vos masses au nom du divin office de manger... Toutes les bouches s'ouvrent comme une bouche, toutes les dents se dressent comme une dent. N'avez-vous pas vu les tyrans pour bien s'unir les peuples, ne fut ce que pour un instant, leur donner plus à manger qu'à comprendre? Cependant, pour régner longtemps ils auraient dû faire le contraire... alors leurs sujets seraient tellement divisés qu'ils pourraient, ces tyrans, régner en paix. Il est vrai aussi qu'en ce cas, il y aurait un autre danger imminent: Garibaldi viendrait et dirait aux sujets: Vous n'avez pas assez de quoi manger, on n'en a jamais trop, et vous vous querellez! Voyez, l'ennemi est là! ... il a tout, prenez! et, c'en serait fait, des tyrans et de leurs règnes.

Un adversaire de Démosthènes, à bout d'arguments, monta sur la tribune et dit triomphalement: „Vous ne pouvez accepter les idées de mon antagoniste, car, c'est un homme qui boit de l'eau..." Tout le monde applaudit. — Pourquoi? la bêtise était flattée, on a fait rire la bêtise, la bêtise s'est mise d'accord. On ne pouvait point accepter les idées d'un homme qui boit de l'eau. Voilà tout le peuple d'Athènes mis d'accord par une phrase vide, par une proposition idiote. Démosthènes n'en put faire autant avec tous ses longs discours. D'ailleurs l'Histoire, depuis son origine nous explique tous ces motifs d'accord et de désaccord, mieux que ne le ferait nul autre livre. Quand l'orateur patricien sortit hors de Rome pour ramener les plébéens, il ne put les gagner que par une logique grossière qui tient presque à l'estomac — — —. Et, de tous les temps c'était ainsi. Mais, la logique par elle-même, diffère d'homme à homme — —.

Dans les mathématiques, il n'y a point une stricte logique, vous l'avez vu. Dans la géométrie on est venu ajouter une quatrième dimension. Voici une logique nouvelle qui renverse la logique ancienne. Jusqu'à Galilée le monde avait sa logique dont elle ne bougeait pas. Tous ceux qui en sortaient étaient des illogiques, des fous. Galilée l'était un moment, jusqu'à ce que tout le monde accepta sa folie pour devenir logique, d'une nouvelle façon.

Christophe Colomb avait une logique simple, tellement simple qu'on peut la tracer grossièrement sur le papier. — Pourquoi ses compagnons n'avaient-ils pas la même logique? Pourquoi le chef navigateur a-t-il dû pour rapprocher sa conception de celle de ses hommes avoir recours à la logique de la *bestie?*

— Mais à quoi cela tient-il?

— D'abord, parce que, ce que nous appelons la grande Logique est illogique elle même : elle nous dit, par exemple, que deux parallèles ne se touchent qu'à l'infini. Or, c'est absurde. Tirez deux parallèles, de n'importe quel côté, disons du Nord de l'infini, vers le Sud de l'infini pour s'exprimer en images. Or, ces parallèles en arrivant à Archangelsk, seront parallèles, à Constantinople, au Caire, à Adoua, à Johannisbourg, au Cap, ils le seront encore, continuez-les d'un côté et de l'autre infiniment, ils seront toujours, infiniment parallèles. Deux lignes infiniment parallèles forment un parallèle infini, c'est-à-dire des parallèles qui ne se touchent pas à l'infini. Pourquoi alors l'imbécile Mathématique soutient-elle le contraire? Or, s'ils se touchaient à l'Infini, ils devraient dès lors se toucher, se confondre en une seule ligne à chaque instant, infiniment et, ils ne formeraient jamais une

parallèle. Ainsi donc, la grande logique étant fausse, la nôtre, la petite, celle de chaque homme qui n'en est qu'une parcelle doit être de la même nature ... et, généralement, nous ne sommes pas sûrs de nos conceptions, voyez la philosophie —. Ensuite, chacun de nous n'étant qu'un atome de l'intelligence humaine, ne peut offrir qu'une fraction de logique et, malheureusement, chaque fois qu'il s'agit de mettre sur pied de guerre toute l'armée logicienne, nul n'est là pour placer les hommes par ordre ... pour qu'ils puissent compter par deux: „un, deux!" „un, deux!" ... Les fragments primitifs ne se reconstituent pas si facilement dans une cohue telle que l'humanité — et ... les logiques ne riment pas!... Quand on opère avec des chiffres sur papier — l'addition des fractions est facile, dans n'importe quel ordre. Mais quand on a affaire aux objets!...
— Surtout aux esprits. — Ce n'est plus cela. Voyez par exemple ce qui se passe en ce moment au quartier franc et dites moi si vous comprenez la logique qui dicte à tout un peuple de commettre un horrible crime au nom d'un grand ideal lequel tout en étant concentré dans un objet et exprimé par un et le même mot: *Patrie* ou, mieux encore *Intérêt général*, diverge d'homme à homme, d'esprit à esprit .... Quel lien a uni si puissamment tant de penseurs et tant de brutes, dès qu'il s'est agi de faire un mal? Une Idée? ... Non! l'Idée n'unit pas si facilement ... mais la bestialité et la peur ... La fauve s'acharne d'autant plus férocement sur sa proie qu'elle voit à l'horizon approcher le chasseur.... *Had Gadiah* ... had Gadiah.... Il y avait le Juif et il y avait le Prussien ..... Le sanguinisme .... et la terreur ....

Fin de la 1re partie.

www.ingramcontent.com/pod-product-compliance
Lightning Source LLC
Chambersburg PA
CBHW051913160426
43198CB00012B/1880